Dive Number: _____
Date: _____
Location: _____
Ocean: _____

| TIME IN: | TIME OUT: |
|---|---|
|  |  |

| Bar / psi START | Bar / psi END |
|---|---|
|  |  |

☐ Computer Dive

DEPTH

RNT_____
ABT _____
TBT _____

VISIBILITY:
_____

TEMP: Air ____ Surface ____ Bottom ____

DIVE SHOP STAMP

**GEAR USED**
**BCD:** _____
**Wetsuit:** _____
**Fins:** _____
**Weights:** _____ **kg/lbs**
**Cylinder:** _____ **Litres**

☐ **Steel**   ☐ **Aluminium**
☐ **Fresh**   ☐ **Salt**   ☐ **Shore**   ☐ **Boat**   ☐ **Drift**   ☐ **Right**   ☐ **Training**

**Dive Comments:**

_____
_____
_____
_____
_____

BOTTOM TIME TO DATE: _____

Time Of This Dive: _____

Cumulative Dive Time: _____

**Verification Signature:**

_____

☐ **Instructor** ☐ **Divemaster** ☐ **Buddy**

Certification No: _____

Dive Number: _____

Date: _____

Location: _____

Ocean: _____

| SI | PG | | PG |
| --- | --- | --- | --- |

☐ Computer Dive

BOTTOM TIME
_____
DEPTH

| TIME IN: | TIME OUT: |
| --- | --- |
| | |

| Bar / psi START | Bar / psi END |
| --- | --- |
| | |

RNT_____
ABT _____
TBT _____

VISIBILITY:
_____

TEMP: Air _____ Surface _____ Bottom _____

**GEAR USED**

**BCD:** _____

**Wetsuit:** _____

**Fins:** _____

**Weights:** _____ **kg/lbs**

**Cylinder:** _____ **Litres**

DIVE SHOP STAMP

☐ **Steel**   ☐ **Aluminium**

☐ **Fresh**   ☐ **Salt**   ☐ **Shore**   ☐ **Boat**   ☐ **Drift**   ☐ **Right**   ☐ **Training**

**Dive Comments:**

_____

_____

_____

_____

_____

BOTTOM TIME TO DATE: _____

Time Of This Dive: _____

Cumulative Dive Time: _____

**Verification Signature:**

_____

☐ **Instructor** ☐ **Divemaster** ☐ **Buddy**

Certification No: _____

Dive Number: _____
Date: _____
Location: _____
Ocean: _____

| SI | PG | | PG |

☐ Computer Dive

BOTTOM TIME
_____
DEPTH

| TIME IN: | TIME OUT: |
|---|---|
|  |  |

RNT_____
ABT _____
TBT _____

VISIBILITY:
_____

| Bar / psi START | Bar / psi END |
|---|---|
|  |  |

TEMP: Air ____ Surface ____ Bottom ____

**GEAR USED**
**BCD:** _____
**Wetsuit:** _____
**Fins:** _____
**Weights:** _____ **kg/lbs**
**Cylinder:** _____ **Litres**

DIVE SHOP STAMP

☐ **Steel**   ☐ **Aluminium**
☐ **Fresh**   ☐ **Salt**   ☐ **Shore**   ☐ **Boat**   ☐ **Drift**   ☐ **Right**   ☐ **Training**

**Dive Comments:**
_____
_____
_____
_____
_____

BOTTOM TIME TO
DATE: _____

Time Of This Dive: _____

Cumulative Dive
Time: _____

**Verification Signature:**

_____

☐ **Instructor** ☐ **Divemaster** ☐ **Buddy**

Certification No: _____

Dive Number: _____

Date: _____

Location: _____

Ocean: _____

| SI | PG | | PG |
|---|---|---|---|

☐ Computer Dive

BOTTOM TIME
_____
DEPTH

| TIME IN: | TIME OUT: |
|---|---|
|  |  |

RNT_____
ABT _____
TBT _____

VISIBILITY:
_____

| Bar / psi START | Bar / psi END |
|---|---|
|  |  |

TEMP: Air _____ Surface _____ Bottom _____

**GEAR USED**
**BCD:** _____
**Wetsuit:** _____
**Fins:** _____
**Weights:** _____ **kg/lbs**
**Cylinder:** _____ **Litres**

DIVE SHOP STAMP

☐ **Steel**   ☐ **Aluminium**
☐ **Fresh**   ☐ **Salt**   ☐ **Shore**   ☐ **Boat**   ☐ **Drift**   ☐ **Right**   ☐ **Training**

**Dive Comments:**

_____
_____
_____
_____
_____

BOTTOM TIME TO
DATE: _____

Time Of This Dive: _____

Cumulative Dive
Time: _____

**Verification Signature:**

_____

☐ **Instructor** ☐ **Divemaster** ☐ **Buddy**

**Certification No:** _____

Dive Number: _____

Date: _____

Location: _____

Ocean: _____

| SI | PG | | PG |

☐ Computer Dive

BOTTOM TIME
_____
DEPTH

| TIME IN: | TIME OUT: |
|---|---|
| | |

| Bar / psi START | Bar / psi END |
|---|---|
| | |

RNT_____
ABT _____
TBT _____

VISIBILITY:
_____

TEMP: Air _____ Surface _____ Bottom _____

**GEAR USED**
**BCD:** _____
**Wetsuit:** _____
**Fins:** _____
**Weights:** _____ **kg/lbs**
**Cylinder:** _____ **Litres**

DIVE SHOP STAMP

☐ **Steel**   ☐ **Aluminium**
☐ **Fresh**   ☐ **Salt**   ☐ **Shore**   ☐ **Boat**   ☐ **Drift**   ☐ **Right**   ☐ **Training**

**Dive Comments:**
_____
_____
_____
_____
_____

BOTTOM TIME TO DATE: _____

Time Of This Dive: _____

Cumulative Dive Time: _____

**Verification Signature:**

_____

☐ **Instructor** ☐ **Divemaster** ☐ **Buddy**

Certification No: _____

Dive Number: _____

Date: _____

Location: _____

Ocean: _____

| SI | PG | | PG |

☐ Computer Dive

BOTTOM TIME _____

DEPTH

| TIME IN: | TIME OUT: |
|---|---|
| | |

RNT_____
ABT _____
TBT _____

VISIBILITY:
_____

| Bar / psi START | Bar / psi END |
|---|---|
| | |

TEMP: Air _____ Surface _____ Bottom _____

**GEAR USED**
**BCD:** _____
**Wetsuit:** _____
**Fins:** _____
**Weights:** _____ **kg/lbs**
**Cylinder:** _____ **Litres**

DIVE SHOP STAMP

☐ **Steel**   ☐ **Aluminium**
☐ **Fresh**   ☐ **Salt**   ☐ **Shore**   ☐ **Boat**   ☐ **Drift**   ☐ **Right**   ☐ **Training**

**Dive Comments:**

_____
_____
_____
_____
_____

BOTTOM TIME TO
DATE: _____

Time Of This Dive: _____

Cumulative Dive
Time: _____

**Verification Signature:**

_____

☐ **Instructor** ☐ **Divemaster** ☐ **Buddy**

**Certification No:** _____

Dive Number: _____

Date: _____

Location: _____

Ocean: _____

| TIME IN: | TIME OUT: |
|---|---|
|  |  |

| Bar / psi START | Bar / psi END |
|---|---|
|  |  |

**GEAR USED**

**BCD:** _____

**Wetsuit:** _____

**Fins:** _____

**Weights:** _____ **kg/lbs**

**Cylinder:** _____ **Litres**

☐ **Steel**   ☐ **Aluminium**
☐ **Fresh**   ☐ **Salt**   ☐ **Shore**   ☐ **Boat**   ☐ **Drift**   ☐ **Right**   ☐ **Training**

**Dive Comments:**

_____
_____
_____
_____
_____

| SI | PG |  | PG |
|---|---|---|---|

☐ Computer Dive

BOTTOM TIME
_____
DEPTH

RNT_____
ABT _____
TBT _____

VISIBILITY:
_____

TEMP: Air _____ Surface _____ Bottom _____

DIVE SHOP STAMP

| BOTTOM TIME TO DATE: _____ | **Verification Signature:** |
|---|---|
| Time Of This Dive: _____ | _____ |
| Cumulative Dive Time: _____ | ☐ Instructor ☐ Divemaster ☐ Buddy |
|  | Certification No: _____ |

Dive Number: _____

Date: _____

Location: _____

Ocean: _____

| SI | PG | | PG |

☐ Computer Dive

BOTTOM TIME
_____
DEPTH

| TIME IN: | TIME OUT: |
|---|---|
| | |

| Bar / psi START | Bar / psi END |
|---|---|
| | |

RNT_____
ABT _____
TBT _____

VISIBILITY:
_____

TEMP: Air _____ Surface _____ Bottom _____

**GEAR USED**
**BCD:** _____
**Wetsuit:** _____
**Fins:** _____
**Weights:** _____ **kg/lbs**
**Cylinder:** _____ **Litres**

☐ **Steel**    ☐ **Aluminium**
☐ **Fresh**    ☐ **Salt**    ☐ **Shore**    ☐ **Boat**    ☐ **Drift**    ☐ **Right**    ☐ **Training**

DIVE SHOP STAMP

**Dive Comments:**

_____
_____
_____
_____
_____

BOTTOM TIME TO
DATE: _____

Time Of This Dive: _____

Cumulative Dive
Time: _____

**Verification Signature:**

_____

☐ **Instructor** ☐ **Divemaster** ☐ **Buddy**

Certification No: _____

Dive Number: _____

Date: _____

Location: _____

Ocean: _____

| SI | PG | | PG |

☐ Computer Dive

BOTTOM TIME
_____
DEPTH

| TIME IN: | TIME OUT: |
|---|---|
| | |

| Bar / psi START | Bar / psi END |
|---|---|
| | |

RNT_____
ABT _____
TBT _____

VISIBILITY:
_____

TEMP: Air _____ Surface _____ Bottom _____

**GEAR USED**
**BCD:** _____
**Wetsuit:** _____
**Fins:** _____
**Weights:** _____ **kg/lbs**
**Cylinder:** _____ **Litres**

☐ **Steel**   ☐ **Aluminium**
☐ **Fresh**   ☐ **Salt**   ☐ **Shore**   ☐ **Boat**   ☐ **Drift**   ☐ **Right**   ☐ **Training**

DIVE SHOP STAMP

**Dive Comments:**
_____
_____
_____
_____
_____

BOTTOM TIME TO DATE: _____

Time Of This Dive: _____

Cumulative Dive Time: _____

**Verification Signature:**

_____

☐ **Instructor** ☐ **Divemaster** ☐ **Buddy**

Certification No: _____

Dive Number: _____

Date: _____

Location: _____

Ocean: _____

| SI | PG | | PG |

☐ Computer Dive

BOTTOM TIME
_____
DEPTH

| TIME IN: | TIME OUT: |
|---|---|
| | |

RNT_____
ABT _____
TBT _____

VISIBILITY:
_____

| Bar / psi START | Bar / psi END |
|---|---|
| | |

TEMP: Air ____ Surface ____ Bottom ____

**GEAR USED**
**BCD:** _____
**Wetsuit:** _____
**Fins:** _____
**Weights:** _____ **kg/lbs**
**Cylinder:** _____ **Litres**

DIVE SHOP STAMP

☐ **Steel**   ☐ **Aluminium**
☐ **Fresh**   ☐ **Salt**   ☐ **Shore**   ☐ **Boat**   ☐ **Drift**   ☐ **Right**   ☐ **Training**

**Dive Comments:**
_____
_____
_____
_____
_____

BOTTOM TIME TO
DATE: _____

Time Of This Dive: _____

Cumulative Dive
Time: _____

**Verification Signature:**

_____

☐ **Instructor** ☐ **Divemaster** ☐ **Buddy**

Certification No: _____

Dive Number: _____

Date: _____

Location: _____

Ocean: _____

| TIME IN: | TIME OUT: |
|---|---|
|  |  |
| Bar / psi START | Bar / psi END |

**GEAR USED**
**BCD:** _____
**Wetsuit:** _____
**Fins:** _____
**Weights:** _____ **kg/lbs**
**Cylinder:** _____ **Litres**

☐ **Steel**   ☐ **Aluminium**
☐ **Fresh**   ☐ **Salt**   ☐ **Shore**   ☐ **Boat**   ☐ **Drift**   ☐ **Right**   ☐ **Training**

**Dive Comments:**
_____
_____
_____
_____
_____

| SI | PG | | PG |

☐ Computer Dive    BOTTOM TIME
_____
DEPTH

RNT_____
ABT _____
TBT _____

VISIBILITY:
_____

TEMP: Air _____ Surface _____ Bottom _____

DIVE SHOP STAMP

BOTTOM TIME TO DATE: _____

Time Of This Dive: _____

Cumulative Dive Time: _____

**Verification Signature:**

_____

☐ Instructor  ☐ Divemaster  ☐ Buddy

Certification No: _____

Dive Number: _____

Date: _____

Location: _____

Ocean: _____

| SI | PG | | PG |
|---|---|---|---|

☐ Computer Dive

BOTTOM TIME
_____
DEPTH

| TIME IN: | TIME OUT: |
|---|---|
| | |

| Bar / psi **START** | Bar / psi **END** |
|---|---|
| | |

RNT_____
ABT _____
TBT _____

VISIBILITY:
_____

TEMP: Air _____ Surface _____ Bottom _____

**GEAR USED**
**BCD:** _____
**Wetsuit:** _____
**Fins:** _____
**Weights:** _____ **kg/lbs**
**Cylinder:** _____ **Litres**

☐ **Steel**   ☐ **Aluminium**
☐ **Fresh**   ☐ **Salt**   ☐ **Shore**   ☐ **Boat**   ☐ **Drift**   ☐ **Right**   ☐ **Training**

DIVE SHOP STAMP

**Dive Comments:**
_____
_____
_____
_____
_____

BOTTOM TIME TO
DATE: _____

Time Of This Dive: _____

Cumulative Dive
Time: _____

**Verification Signature:**

_____

☐ **Instructor** ☐ **Divemaster** ☐ **Buddy**

**Certification No:** _____

Dive Number: _____

Date: _____

Location: _____

Ocean: _____

| SI | PG | | PG |
| --- | --- | --- | --- |

☐ Computer Dive

BOTTOM TIME
_____
DEPTH

| TIME IN: | TIME OUT: |
| --- | --- |
| | |

| Bar / psi START | Bar / psi END |
| --- | --- |
| | |

RNT_____
ABT _____
TBT _____

VISIBILITY:
_____

TEMP: Air _____ Surface _____ Bottom _____

**GEAR USED**

**BCD:** _____

**Wetsuit:** _____

**Fins:** _____

**Weights:** _____ **kg/lbs**

**Cylinder:** _____ **Litres**

DIVE SHOP STAMP

☐ **Steel**  ☐ **Aluminium**

☐ **Fresh**  ☐ **Salt**  ☐ **Shore**  ☐ **Boat**  ☐ **Drift**  ☐ **Right**  ☐ **Training**

**Dive Comments:**

_____

_____

_____

_____

_____

| BOTTOM TIME TO DATE: _____ | **Verification Signature:** _____ |
| --- | --- |
| Time Of This Dive: _____ | ☐ **Instructor** ☐ **Divemaster** ☐ **Buddy** |
| Cumulative Dive Time: _____ | Certification No: _____ |

Dive Number: _____

Date: _____

Location: _____

Ocean: _____

| SI | PG | | PG |
|----|----|----|----|
| Computer Dive | BOTTOM TIME _____ DEPTH | | |

| TIME IN: | TIME OUT: |
|----------|-----------|
|          |           |

| Bar / psi START | Bar / psi END |
|-----------------|---------------|
|                 |               |

RNT_____
ABT _____
TBT _____

VISIBILITY: _____

TEMP: Air ____ Surface ____ Bottom ____

**GEAR USED**
**BCD:** _____
**Wetsuit:** _____
**Fins:** _____
**Weights:** _____ **kg/lbs**
**Cylinder:** _____ **Litres**

DIVE SHOP STAMP

□ **Steel**  □ **Aluminium**
□ **Fresh**  □ **Salt**  □ **Shore**  □ **Boat**  □ **Drift**  □ **Right**  □ **Training**

**Dive Comments:**

_____
_____
_____
_____
_____

| BOTTOM TIME TO DATE: _____ | **Verification Signature:** _____ |
|-----------------------------------|------------------------------------------|
| Time Of This Dive: _____ | □ **Instructor** □ **Divemaster** □ **Buddy** |
| Cumulative Dive Time: _____ | **Certification No:** _____ |

Dive Number: _____

Date: _____

Location: _____

Ocean: _____

| SI | PG | | PG |
| Computer Dive | BOTTOM TIME |
| | DEPTH |

| TIME IN: | TIME OUT: |
|----------|-----------|
|          |           |

| Bar / psi **START** | Bar / psi **END** |
|---------------------|-------------------|
|                     |                   |

RNT_____
ABT _____
TBT _____

VISIBILITY:
_____

TEMP: Air _____ Surface _____ Bottom _____

**GEAR USED**
**BCD:** _____
**Wetsuit:** _____
**Fins:** _____
**Weights:** _____ kg/lbs
**Cylinder:** _____ Litres

□ Steel    □ Aluminium
□ Fresh    □ Salt    □ Shore    □ Boat    □ Drift    □ Right    □ Training

DIVE SHOP STAMP

**Dive Comments:**

_____
_____
_____
_____
_____

| BOTTOM TIME TO DATE: _____ | **Verification Signature:** |
|---|---|
| Time Of This Dive: _____ | _____ |
| | □ Instructor □ Divemaster □ Buddy |
| Cumulative Dive Time: _____ | Certification No: _____ |

Dive Number: _____

Date: _____

Location: _____

Ocean: _____

| TIME IN: | TIME OUT: |
|----------|-----------|
|          |           |

| Bar / psi START | Bar / psi END |
|-----------------|---------------|
|                 |               |

SI | PG | PG

Computer Dive

BOTTOM TIME

DEPTH

RNT_____
ABT _____
TBT _____

VISIBILITY:
_____

TEMP: Air ____ Surface ____ Bottom ____

**GEAR USED**
**BCD:** _____
**Wetsuit:** _____
**Fins:** _____
**Weights:** _____ **kg/lbs**
**Cylinder:** _____ **Litres**

□ **Steel** □ **Aluminium**
□ **Fresh** □ **Salt** □ **Shore** □ **Boat** □ **Drift** □ **Right** □ **Training**

DIVE SHOP STAMP

**Dive Comments:**

_____
_____
_____
_____
_____

BOTTOM TIME TO
DATE: _____

Time Of This Dive: _____

Cumulative Dive
Time: _____

**Verification Signature:**

_____

□ **Instructor** □ **Divemaster** □ **Buddy**

**Certification No:** _____

Dive Number: _____

Date: _____

Location: _____

Ocean: _____

| TIME IN: | TIME OUT: |
|---|---|
|  |  |
| Bar / psi START | Bar / psi END |

| SI | PG | | PG |
|---|---|---|---|

☐ Computer Dive

BOTTOM TIME
_____
DEPTH

RNT_____
ABT _____
TBT _____

VISIBILITY:
_____

TEMP: Air _____ Surface _____ Bottom _____

DIVE SHOP STAMP

**GEAR USED**
**BCD:** _____
**Wetsuit:** _____
**Fins:** _____
**Weights:** _____ **kg/lbs**
**Cylinder:** _____ **Litres**

☐ **Steel**   ☐ **Aluminium**
☐ **Fresh**   ☐ **Salt**   ☐ **Shore**   ☐ **Boat**   ☐ **Drift**   ☐ **Right**   ☐ **Training**

**Dive Comments:**

_____
_____
_____
_____
_____

| BOTTOM TIME TO DATE: _____ | **Verification Signature:** |
|---|---|
| Time Of This Dive: _____ | _____ |
|  | ☐ Instructor ☐ Divemaster ☐ Buddy |
| Cumulative Dive Time: _____ | Certification No: _____ |

Dive Number: _____

Date: _____

Location: _____

Ocean: _____

| SI | PG | | PG |
| --- | --- | --- | --- |

☐ Computer Dive

BOTTOM TIME
_____
DEPTH

| TIME IN: | TIME OUT: |
| --- | --- |
| | |

| Bar / psi<br>START | Bar / psi<br>END |
| --- | --- |
| | |

RNT_____
ABT _____
TBT _____

VISIBILITY:
_____

TEMP: Air ____ Surface ____ Bottom ____

DIVE SHOP STAMP

**GEAR USED**
**BCD:** _____
**Wetsuit:** _____
**Fins:** _____
**Weights:** _____ **kg/lbs**
**Cylinder:** _____ **Litres**

☐ **Steel**   ☐ **Aluminium**
☐ **Fresh**   ☐ **Salt**   ☐ **Shore**   ☐ **Boat**   ☐ **Drift**   ☐ **Right**   ☐ **Training**

**Dive Comments:**

_____
_____
_____
_____
_____

BOTTOM TIME TO
DATE: _____

Time Of This Dive: _____

Cumulative Dive
Time: _____

**Verification Signature:**

_____

☐ **Instructor** ☐ **Divemaster** ☐ **Buddy**

**Certification No:** _____

Dive Number: _____

Date: _____

Location: _____

Ocean: _____

| SI | PG | | PG |

☐ Computer Dive

BOTTOM TIME
_____
DEPTH

| TIME IN: | TIME OUT: |
|---|---|
|  |  |

RNT_____
ABT _____
TBT _____

VISIBILITY:
_____

| Bar / psi **START** | Bar / psi **END** |
|---|---|
|  |  |

TEMP: Air _____ Surface _____ Bottom _____

**GEAR USED**
**BCD:** _____
**Wetsuit:** _____
**Fins:** _____
**Weights:** _____ **kg/lbs**
**Cylinder:** _____ **Litres**

DIVE SHOP STAMP

☐ **Steel**    ☐ **Aluminium**
☐ **Fresh**    ☐ **Salt**    ☐ **Shore**    ☐ **Boat**    ☐ **Drift**    ☐ **Right**    ☐ **Training**

**Dive Comments:**
_____
_____
_____
_____
_____

BOTTOM TIME TO DATE: _____

Time Of This Dive: _____

Cumulative Dive Time: _____

**Verification Signature:**

_____

☐ **Instructor** ☐ **Divemaster** ☐ **Buddy**

Certification No: _____

Dive Number: _____

Date: _____

Location: _____

Ocean: _____

| TIME IN: | TIME OUT: |
|----------|-----------|
|          |           |

| Bar / psi START | Bar / psi END |
|-----------------|---------------|
|                 |               |

**GEAR USED**
**BCD:** _____
**Wetsuit:** _____
**Fins:** _____
**Weights:** _____ **kg/lbs**
**Cylinder:** _____ **Litres**

☐ **Steel**    ☐ **Aluminium**
☐ **Fresh**    ☐ **Salt**    ☐ **Shore**    ☐ **Boat**    ☐ **Drift**    ☐ **Right**    ☐ **Training**

**Dive Comments:**

_____
_____
_____
_____
_____

| SI | PG |                      | PG |

☐ Computer Dive

BOTTOM TIME
_____
DEPTH

RNT_____
ABT _____
TBT _____

VISIBILITY:
_____

TEMP: Air _____ Surface _____ Bottom _____

DIVE SHOP STAMP

BOTTOM TIME TO DATE: _____

Time Of This Dive: _____

Cumulative Dive Time: _____

**Verification Signature:**

_____

☐ **Instructor** ☐ **Divemaster** ☐ **Buddy**

Certification No: _____

Dive Number: _____

Date: _____

Location: _____

Ocean: _____

| SI | PG | | PG |

☐ Computer Dive

BOTTOM TIME
_____
DEPTH

| TIME IN: | TIME OUT: |
|---|---|
|  |  |

RNT_____
ABT _____
TBT _____

VISIBILITY:
_____

| Bar / psi START | Bar / psi END |
|---|---|
|  |  |

TEMP: Air _____ Surface _____ Bottom _____

**GEAR USED**
**BCD:** _____
**Wetsuit:** _____
**Fins:** _____
**Weights:** _____ **kg/lbs**
**Cylinder:** _____ **Litres**

☐ **Steel**    ☐ **Aluminium**

☐ **Fresh**    ☐ **Salt**    ☐ **Shore**    ☐ **Boat**    ☐ **Drift**    ☐ **Right**    ☐ **Training**

DIVE SHOP STAMP

**Dive Comments:**

_____
_____
_____
_____
_____

BOTTOM TIME TO
DATE: _____

Time Of This Dive: _____

Cumulative Dive
Time: _____

**Verification Signature:**

_____

☐ **Instructor** ☐ **Divemaster** ☐ **Buddy**

Certification No: _____

Dive Number: _____
Date: _____
Location: _____
Ocean: _____

| TIME IN: | TIME OUT: |
|---|---|
|  |  |

| Bar / psi START | Bar / psi END |
|---|---|
|  |  |

**GEAR USED**
**BCD:** _____
**Wetsuit:** _____
**Fins:** _____
**Weights:** _____ **kg/lbs**
**Cylinder:** _____ **Litres**

☐ **Steel**   ☐ **Aluminium**
☐ **Fresh**   ☐ **Salt**   ☐ **Shore**   ☐ **Boat**   ☐ **Drift**   ☐ **Right**   ☐ **Training**

**Dive Comments:**
_____
_____
_____
_____
_____

| SI | PG |  | PG |
|---|---|---|---|

☐ Computer Dive   BOTTOM TIME _____

DEPTH _____

RNT_____
ABT _____
TBT _____

VISIBILITY:
_____

TEMP: Air _____ Surface _____ Bottom _____

DIVE SHOP STAMP

| BOTTOM TIME TO DATE: _____ | **Verification Signature:** |
|---|---|
| Time Of This Dive: _____ | _____ |
| Cumulative Dive Time: _____ | ☐ **Instructor** ☐ **Divemaster** ☐ **Buddy**  Certification No: _____ |

Dive Number: _____
Date: _____
Location: _____
Ocean: _____

| SI | PG | | PG |

Computer Dive

BOTTOM TIME
_____
DEPTH

| TIME IN: | TIME OUT: |
| --- | --- |
| | |

| RNT_____ | VISIBILITY: |
| ABT _____ | _____ |
| TBT _____ | |

| Bar / psi START | Bar / psi END |
| --- | --- |
| | |

TEMP: Air _____ Surface _____ Bottom _____

**GEAR USED**
**BCD:** _____
**Wetsuit:** _____
**Fins:** _____
**Weights:** _____ **kg/lbs**
**Cylinder:** _____ **Litres**

DIVE SHOP STAMP

☐ **Steel**   ☐ **Aluminium**
☐ **Fresh**   ☐ **Salt**   ☐ **Shore**   ☐ **Boat**   ☐ **Drift**   ☐ **Right**   ☐ **Training**

**Dive Comments:**
_____
_____
_____
_____
_____

BOTTOM TIME TO
DATE: _____

Time Of This Dive: _____

Cumulative Dive
Time: _____

**Verification Signature:**

_____

☐ **Instructor** ☐ **Divemaster** ☐ **Buddy**

Certification No: _____

Dive Number: _____
Date: _____
Location: _____
Ocean: _____

| SI | PG | | PG |

☐ Computer Dive

BOTTOM TIME
_____
DEPTH

| TIME IN: | TIME OUT: |
|---|---|
| | |

RNT_____
ABT _____
TBT _____

VISIBILITY:
_____

| Bar / psi START | Bar / psi END |
|---|---|
| | |

TEMP: Air _____ Surface _____ Bottom _____

**GEAR USED**
**BCD:** _____
**Wetsuit:** _____
**Fins:** _____
**Weights:** _____ **kg/lbs**
**Cylinder:** _____ **Litres**

☐ **Steel**   ☐ **Aluminium**
☐ **Fresh**   ☐ **Salt**   ☐ **Shore**   ☐ **Boat**   ☐ **Drift**   ☐ **Right**   ☐ **Training**

DIVE SHOP STAMP

**Dive Comments:**

_____
_____
_____
_____
_____

BOTTOM TIME TO
DATE: _____

Time Of This Dive: _____

Cumulative Dive
Time: _____

**Verification Signature:**

_____

☐ **Instructor** ☐ **Divemaster** ☐ **Buddy**

Certification No: _____

Dive Number: _____

Date: _____

Location: _____

Ocean: _____

| SI | PG | | PG |

☐ Computer Dive

BOTTOM TIME
_____
DEPTH

| TIME IN: | TIME OUT: |
|---|---|
| | |

| Bar / psi START | Bar / psi END |
|---|---|
| | |

RNT_____
ABT _____
TBT _____

VISIBILITY:
_____

TEMP: Air _____ Surface _____ Bottom _____

DIVE SHOP STAMP

## GEAR USED

BCD: _____

Wetsuit: _____

Fins: _____

Weights: _____ kg/lbs

Cylinder: _____ Litres

☐ Steel    ☐ Aluminium

☐ Fresh    ☐ Salt    ☐ Shore    ☐ Boat    ☐ Drift    ☐ Right    ☐ Training

## Dive Comments:

_____
_____
_____
_____
_____
_____

BOTTOM TIME TO DATE: _____

Time Of This Dive: _____

Cumulative Dive Time: _____

**Verification Signature:**

_____

☐ Instructor  ☐ Divemaster  ☐ Buddy

Certification No: _____

Dive Number: _____

Date: _____

Location: _____

Ocean: _____

| SI | PG | | PG |

☐ Computer Dive

BOTTOM TIME

_____

DEPTH

| TIME IN: | TIME OUT: |
|----------|-----------|
|          |           |

| Bar / psi START | Bar / psi END |
|-----------------|---------------|
|                 |               |

RNT_____
ABT _____
TBT _____

VISIBILITY:
_____

TEMP: Air _____ Surface _____ Bottom _____

**GEAR USED**
**BCD:** _____
**Wetsuit:** _____
**Fins:** _____
**Weights:** _____ **kg/lbs**
**Cylinder:** _____ **Litres**

☐ **Steel**   ☐ **Aluminium**
☐ **Fresh**   ☐ **Salt**   ☐ **Shore**   ☐ **Boat**   ☐ **Drift**   ☐ **Right**   ☐ **Training**

DIVE SHOP STAMP

**Dive Comments:**

_____
_____
_____
_____
_____

BOTTOM TIME TO DATE: _____

Time Of This Dive: _____

Cumulative Dive Time: _____

**Verification Signature:**

_____

☐ **Instructor** ☐ **Divemaster** ☐ **Buddy**

**Certification No:** _____

Dive Number: _____

Date: _____

Location: _____

Ocean: _____

| TIME IN: | TIME OUT: |
|---|---|
|  |  |
| Bar / psi<br>START | Bar / psi<br>END |

**GEAR USED**

**BCD:** _____

**Wetsuit:** _____

**Fins:** _____

**Weights:** _____ **kg/lbs**

**Cylinder:** _____ **Litres**

☐ **Steel**   ☐ **Aluminium**

☐ **Fresh**   ☐ **Salt**   ☐ **Shore**   ☐ **Boat**   ☐ **Drift**   ☐ **Right**   ☐ **Training**

**Dive Comments:**

_____
_____
_____
_____
_____

| SI | PG | | PG |
|---|---|---|---|

☐ Computer Dive

BOTTOM TIME
_____
DEPTH

RNT_____
ABT _____
TBT _____

VISIBILITY:

_____

TEMP: Air _____ Surface _____ Bottom _____

DIVE SHOP STAMP

| BOTTOM TIME TO DATE: _____ | **Verification Signature:** |
|---|---|
| Time Of This Dive: _____ | _____ |
|  | ☐ **Instructor** ☐ **Divemaster** ☐ **Buddy** |
| Cumulative Dive Time: _____ | Certification No: _____ |

Dive Number: _____

Date: _____

Location: _____

Ocean: _____

| SI | PG | | PG |
|----|----|--|----|

☐ Computer Dive

BOTTOM TIME
_____
DEPTH

| TIME IN: | TIME OUT: |
|----------|-----------|
|          |           |

| Bar / psi START | Bar / psi END |
|-----------------|---------------|
|                 |               |

RNT_____
ABT _____
TBT _____

VISIBILITY:
_____

TEMP: Air ____ Surface ____ Bottom ____

**GEAR USED**
**BCD:** _____
**Wetsuit:** _____
**Fins:** _____
**Weights:** _____ **kg/lbs**
**Cylinder:** _____ **Litres**

DIVE SHOP STAMP

☐ **Steel**   ☐ **Aluminium**
☐ **Fresh**   ☐ **Salt**   ☐ **Shore**   ☐ **Boat**   ☐ **Drift**   ☐ **Right**   ☐ **Training**

**Dive Comments:**
_____
_____
_____
_____
_____

BOTTOM TIME TO
DATE:            _____

Time Of This Dive:   _____

Cumulative Dive
Time:            _____

**Verification Signature:**

_____

☐ **Instructor** ☐ **Divemaster** ☐ **Buddy**

**Certification No:** _____

Dive Number: _____

Date: _____

Location: _____

Ocean: _____

| SI | PG | | PG |

☐ Computer Dive

BOTTOM TIME
_____
DEPTH

| TIME IN: | TIME OUT: |
| --- | --- |
| | |

| Bar / psi START | Bar / psi END |
| --- | --- |
| | |

RNT_____
ABT _____
TBT _____

VISIBILITY:
_____

TEMP: Air _____ Surface _____ Bottom _____

**GEAR USED**
**BCD:** _____
**Wetsuit:** _____
**Fins:** _____
**Weights:** _____ **kg/lbs**
**Cylinder:** _____ **Litres**

DIVE SHOP STAMP

☐ **Steel**   ☐ **Aluminium**
☐ **Fresh**   ☐ **Salt**   ☐ **Shore**   ☐ **Boat**   ☐ **Drift**   ☐ **Right**   ☐ **Training**

**Dive Comments:**
_____
_____
_____
_____
_____

BOTTOM TIME TO DATE: _____

Time Of This Dive: _____

Cumulative Dive Time: _____

**Verification Signature:**

_____

☐ **Instructor** ☐ **Divemaster** ☐ **Buddy**

Certification No: _____

Dive Number: _____

Date: _____

Location: _____

Ocean: _____

| SI | PG | | PG |

Computer Dive

BOTTOM TIME
_____
DEPTH

| TIME IN: | TIME OUT: |
|----------|-----------|
|          |           |

| Bar / psi START | Bar / psi END |
|-----------------|---------------|
|                 |               |

RNT_____
ABT _____
TBT _____

VISIBILITY:
_____

TEMP: Air _____ Surface _____ Bottom _____

DIVE SHOP STAMP

**GEAR USED**
**BCD:** _____
**Wetsuit:** _____
**Fins:** _____
**Weights:** _____ **kg/lbs**
**Cylinder:** _____ **Litres**

□ **Steel**   □ **Aluminium**
□ **Fresh**   □ **Salt**   □ **Shore**   □ **Boat**   □ **Drift**   □ **Right**   □ **Training**

**Dive Comments:**
_____
_____
_____
_____
_____

BOTTOM TIME TO DATE: _____

Time Of This Dive: _____

Cumulative Dive Time: _____

**Verification Signature:**

_____

□ **Instructor** □ **Divemaster** □ **Buddy**

**Certification No:** _____

Dive Number: _____

Date: _____

Location: _____

Ocean: _____

| SI | PG | | PG |

| Computer Dive | BOTTOM TIME |

DEPTH

| TIME IN: | TIME OUT: |
|---|---|
|  |  |

| Bar / psi START | Bar / psi END |
|---|---|

RNT_____
ABT _____
TBT _____

VISIBILITY:
_____

TEMP: Air _____ Surface _____ Bottom _____

DIVE SHOP STAMP

**GEAR USED**
**BCD:** _____
**Wetsuit:** _____
**Fins:** _____
**Weights:** _____ **kg/lbs**
**Cylinder:** _____ **Litres**

□ **Steel**   □ **Aluminium**
□ **Fresh**   □ **Salt**   □ **Shore**   □ **Boat**   □ **Drift**   □ **Right**   □ **Training**

**Dive Comments:**

_____
_____
_____
_____
_____

BOTTOM TIME TO
DATE: _____

Time Of This Dive: _____

Cumulative Dive
Time: _____

**Verification Signature:**

_____

□ **Instructor** □ **Divemaster** □ **Buddy**

Certification No: _____

Dive Number: _____

Date: _____

Location: _____

Ocean: _____

| SI | PG | | PG |

□ Computer Dive

BOTTOM TIME
_____
DEPTH

| TIME IN: | TIME OUT: |
|---|---|
| | |

| Bar / psi START | Bar / psi END |
|---|---|
| | |

RNT_____
ABT _____
TBT _____

VISIBILITY:
_____

TEMP: Air _____ Surface _____ Bottom _____

**GEAR USED**
**BCD:** _____
**Wetsuit:** _____
**Fins:** _____
**Weights:** _____ **kg/lbs**
**Cylinder:** _____ **Litres**

□ **Steel**    □ **Aluminium**
□ **Fresh**    □ **Salt**    □ **Shore**    □ **Boat**    □ **Drift**    □ **Right**    □ **Training**

DIVE SHOP STAMP

**Dive Comments:**

_____
_____
_____
_____
_____

BOTTOM TIME TO
DATE:              _____

Time Of This Dive:    _____

Cumulative Dive
Time:              _____

**Verification Signature:**

_____

□ **Instructor** □ **Divemaster** □ **Buddy**

**Certification No:** _____

Dive Number: _____

Date: _____

Location: _____

Ocean: _____

| SI | PG | | PG |

☐ Computer Dive

BOTTOM TIME
_____
DEPTH

| TIME IN: | TIME OUT: |
|---|---|
| | |

RNT_____
ABT _____
TBT _____

VISIBILITY:
_____

| Bar / psi START | Bar / psi END |
|---|---|
| | |

TEMP: Air _____ Surface _____ Bottom _____

**GEAR USED**
**BCD:** _____
**Wetsuit:** _____
**Fins:** _____
**Weights:** _____ **kg/lbs**
**Cylinder:** _____ **Litres**

DIVE SHOP STAMP

☐ **Steel**   ☐ **Aluminium**
☐ **Fresh**   ☐ **Salt**   ☐ **Shore**   ☐ **Boat**   ☐ **Drift**   ☐ **Right**   ☐ **Training**

**Dive Comments:**
_____
_____
_____
_____
_____

BOTTOM TIME TO DATE: _____

Time Of This Dive: _____

Cumulative Dive Time: _____

**Verification Signature:**

_____

☐ **Instructor** ☐ **Divemaster** ☐ **Buddy**

Certification No: _____

Dive Number: _____
Date: _____
Location: _____
Ocean: _____

| SI | PG | | PG |
|----|----|----|----|

☐ Computer Dive

BOTTOM TIME
_____
DEPTH

| TIME IN: | TIME OUT: |
|----------|-----------|
|          |           |

| Bar / psi START | Bar / psi END |
|-----------------|---------------|
|                 |               |

RNT_____
ABT _____
TBT _____

VISIBILITY:
_____

TEMP: Air _____ Surface _____ Bottom _____

**GEAR USED**
**BCD:** _____
**Wetsuit:** _____
**Fins:** _____
**Weights:** _____ kg/lbs
**Cylinder:** _____ Litres

DIVE SHOP STAMP

☐ **Steel**  ☐ **Aluminium**
☐ **Fresh**  ☐ **Salt**  ☐ **Shore**  ☐ **Boat**  ☐ **Drift**  ☐ **Right**  ☐ **Training**

**Dive Comments:**

_____
_____
_____
_____
_____

BOTTOM TIME TO
DATE:              _____

Time Of This Dive:  _____

Cumulative Dive
Time:              _____

**Verification Signature:**

_____

☐ **Instructor** ☐ **Divemaster** ☐ **Buddy**

Certification No: _____

Dive Number: _____
Date: _____
Location: _____
Ocean: _____

| SI | PG | | PG |

☐ Computer Dive

BOTTOM TIME
_____
DEPTH

| TIME IN: | TIME OUT: |
|---|---|
|  |  |

| Bar / psi START | Bar / psi END |
|---|---|

RNT_____
ABT _____
TBT _____

VISIBILITY:
_____

TEMP: Air _____ Surface _____ Bottom _____

DIVE SHOP STAMP

**GEAR USED**
**BCD:** _____
**Wetsuit:** _____
**Fins:** _____
**Weights:** _____ **kg/lbs**
**Cylinder:** _____ **Litres**

☐ **Steel**　☐ **Aluminium**
☐ **Fresh**　☐ **Salt**　☐ **Shore**　☐ **Boat**　☐ **Drift**　☐ **Right**　☐ **Training**

**Dive Comments:**
_____
_____
_____
_____
_____

BOTTOM TIME TO DATE: _____

Time Of This Dive: _____

Cumulative Dive Time: _____

**Verification Signature:**
_____

☐ **Instructor** ☐ **Divemaster** ☐ **Buddy**

Certification No: _____

Dive Number: _____

Date: _____

Location: _____

Ocean: _____

| SI | PG | | PG |

☐ Computer Dive

BOTTOM TIME

_____

DEPTH

| TIME IN: | TIME OUT: |
|---|---|
| | |

| Bar / psi START | Bar / psi END |
|---|---|
| | |

RNT_____
ABT _____
TBT _____

VISIBILITY:

_____

TEMP: Air _____ Surface _____ Bottom _____

DIVE SHOP STAMP

**GEAR USED**
**BCD:** _____
**Wetsuit:** _____
**Fins:** _____
**Weights:** _____ **kg/lbs**
**Cylinder:** _____ **Litres**

☐ **Steel**  ☐ **Aluminium**
☐ **Fresh**  ☐ **Salt**  ☐ **Shore**  ☐ **Boat**  ☐ **Drift**  ☐ **Right**  ☐ **Training**

**Dive Comments:**

_____

_____

_____

_____

_____

BOTTOM TIME TO DATE: _____

Time Of This Dive: _____

Cumulative Dive Time: _____

**Verification Signature:**

_____

☐ **Instructor** ☐ **Divemaster** ☐ **Buddy**

**Certification No:** _____

Dive Number: _____

Date: _____

Location: _____

Ocean: _____

| TIME IN: | TIME OUT: |
|---|---|
|  |  |

| Bar / psi<br>START | Bar / psi<br>END |
|---|---|
|  |  |

| SI | PG |  | PG |
|---|---|---|---|

☐ Computer Dive

BOTTOM TIME
_____
DEPTH

RNT_____
ABT _____
TBT _____

VISIBILITY:
_____

TEMP: Air _____ Surface _____ Bottom _____

DIVE SHOP STAMP

**GEAR USED**

**BCD:** _____

**Wetsuit:** _____

**Fins:** _____

**Weights:** _____ **kg/lbs**

**Cylinder:** _____ **Litres**

☐ **Steel**   ☐ **Aluminium**

☐ **Fresh**   ☐ **Salt**   ☐ **Shore**   ☐ **Boat**   ☐ **Drift**   ☐ **Right**   ☐ **Training**

**Dive Comments:**

_____

_____

_____

_____

_____

_____

BOTTOM TIME TO
DATE: _____

Time Of This Dive: _____

Cumulative Dive
Time: _____

**Verification Signature:**

_____

☐ **Instructor** ☐ **Divemaster** ☐ **Buddy**

Certification No: _____

Dive Number: _____

Date: _____

Location: _____

Ocean: _____

| SI | PG | | PG |
| --- | --- | --- | --- |

☐ Computer Dive

BOTTOM TIME
_____
DEPTH

| TIME IN: | TIME OUT: |
| --- | --- |
| | |

| Bar / psi START | Bar / psi END |
| --- | --- |
| | |

RNT_____
ABT _____
TBT _____

VISIBILITY:
_____

TEMP: Air _____ Surface _____ Bottom _____

**GEAR USED**
**BCD:** _____

**Wetsuit:** _____

**Fins:** _____

**Weights:** _____ **kg/lbs**

**Cylinder:** _____ **Litres**

DIVE SHOP STAMP

☐ **Steel**   ☐ **Aluminium**
☐ **Fresh**   ☐ **Salt**   ☐ **Shore**   ☐ **Boat**   ☐ **Drift**   ☐ **Right**   ☐ **Training**

**Dive Comments:**

_____

_____

_____

_____

_____

BOTTOM TIME TO
DATE: _____

Time Of This Dive: _____

Cumulative Dive
Time: _____

**Verification Signature:**

_____

☐ **Instructor** ☐ **Divemaster** ☐ **Buddy**

Certification No: _____

Dive Number: _____

Date: _____

Location: _____

Ocean: _____

| SI | PG |  | PG |
|----|----|----|----|

☐ Computer Dive

BOTTOM TIME
_____
DEPTH

| TIME IN: | TIME OUT: |
|----------|-----------|
|          |           |
| Bar / psi START | Bar / psi END |

RNT_____
ABT _____
TBT _____

VISIBILITY:
_____

TEMP: Air _____ Surface _____ Bottom _____

**GEAR USED**
**BCD:** _____
**Wetsuit:** _____
**Fins:** _____
**Weights:** _____ **kg/lbs**
**Cylinder:** _____ **Litres**

☐ **Steel**   ☐ **Aluminium**
☐ **Fresh**   ☐ **Salt**   ☐ **Shore**   ☐ **Boat**   ☐ **Drift**   ☐ **Right**   ☐ **Training**

DIVE SHOP STAMP

**Dive Comments:**

_____
_____
_____
_____
_____

BOTTOM TIME TO DATE: _____

Time Of This Dive: _____

Cumulative Dive Time: _____

**Verification Signature:**

_____

☐ **Instructor** ☐ **Divemaster** ☐ **Buddy**

**Certification No:** _____

Dive Number: _____

Date: _____

Location: _____

Ocean: _____

| SI | PG | | PG |

Computer Dive

BOTTOM TIME
_____
DEPTH

| TIME IN: | TIME OUT: |
|---|---|
| | |

RNT_____
ABT _____
TBT _____

VISIBILITY:
_____

| Bar / psi START | Bar / psi END |
|---|---|
| | |

TEMP: Air ____ Surface ____ Bottom ____

**GEAR USED**
**BCD:** _____
**Wetsuit:** _____
**Fins:** _____
**Weights:** _____ **kg/lbs**
**Cylinder:** _____ **Litres**

☐ **Steel**   ☐ **Aluminium**
☐ **Fresh**   ☐ **Salt**   ☐ **Shore**   ☐ **Boat**   ☐ **Drift**   ☐ **Right**   ☐ **Training**

DIVE SHOP STAMP

**Dive Comments:**

_____
_____
_____
_____
_____

BOTTOM TIME TO
DATE:            _____

Time Of This Dive:  _____

Cumulative Dive
Time:               _____

**Verification Signature:**

_____

☐ **Instructor** ☐ **Divemaster** ☐ **Buddy**

Certification No: _____

Dive Number: _____

Date: _____

Location: _____

Ocean: _____

| SI | PG | | PG |
| --- | --- | --- | --- |

☐ Computer Dive

BOTTOM TIME
_____

DEPTH

| TIME IN: | TIME OUT: |
| --- | --- |
| | |

RNT_____
ABT _____
TBT _____

VISIBILITY:
_____

| Bar / psi START | Bar / psi END |
| --- | --- |
| | |

TEMP: Air _____ Surface _____ Bottom _____

**GEAR USED**
**BCD:** _____
**Wetsuit:** _____
**Fins:** _____
**Weights:** _____ **kg/lbs**
**Cylinder:** _____ **Litres**

DIVE SHOP STAMP

☐ **Steel**　☐ **Aluminium**
☐ **Fresh**　☐ **Salt**　☐ **Shore**　☐ **Boat**　☐ **Drift**　☐ **Right**　☐ **Training**

**Dive Comments:**

_____

_____

_____

_____

_____

BOTTOM TIME TO
DATE: _____

Time Of This Dive: _____

Cumulative Dive
Time: _____

**Verification Signature:**

_____

☐ **Instructor** ☐ **Divemaster** ☐ **Buddy**

**Certification No:** _____

Dive Number: _____

Date: _____

Location: _____

Ocean: _____

| SI | PG | | PG |
|---|---|---|---|

☐ Computer Dive

BOTTOM TIME
_____
DEPTH

| TIME IN: | TIME OUT: |
|---|---|
| | |

RNT_____
ABT _____
TBT _____

VISIBILITY:
_____

| Bar / psi START | Bar / psi END |
|---|---|
| | |

TEMP: Air ____ Surface ____ Bottom ____

**GEAR USED**
**BCD:** _____
**Wetsuit:** _____
**Fins:** _____
**Weights:** _____ **kg/lbs**
**Cylinder:** _____ **Litres**

DIVE SHOP STAMP

☐ **Steel**   ☐ **Aluminium**
☐ **Fresh**   ☐ **Salt**   ☐ **Shore**   ☐ **Boat**   ☐ **Drift**   ☐ **Right**   ☐ **Training**

**Dive Comments:**

_____
_____
_____
_____
_____

BOTTOM TIME TO
DATE:            _____

Time Of This Dive:   _____

Cumulative Dive
Time:              _____

**Verification Signature:**

_____

☐ **Instructor** ☐ **Divemaster** ☐ **Buddy**

**Certification No:** _____

Dive Number: _____

Date: _____

Location: _____

Ocean: _____

| SI | PG | | PG |
|---|---|---|---|

Computer Dive

BOTTOM TIME _____

DEPTH

| TIME IN: | TIME OUT: |
|---|---|
| | |

RNT_____
ABT _____
TBT _____

VISIBILITY: _____

| Bar / psi START | Bar / psi END |
|---|---|

TEMP: Air ____ Surface ____ Bottom ____

**GEAR USED**

**BCD:** _____

**Wetsuit:** _____

**Fins:** _____

**Weights:** _____ **kg/lbs**

**Cylinder:** _____ **Litres**

DIVE SHOP STAMP

□ **Steel** □ **Aluminium**

□ **Fresh** □ **Salt** □ **Shore** □ **Boat** □ **Drift** □ **Right** □ **Training**

**Dive Comments:**

_____
_____
_____
_____
_____
_____

BOTTOM TIME TO
DATE: _____

Time Of This Dive: _____

Cumulative Dive
Time: _____

**Verification Signature:**

_____

□ **Instructor** □ **Divemaster** □ **Buddy**

Certification No: _____

Dive Number: _____

Date: _____

Location: _____

Ocean: _____

| SI | PG | | PG |

Computer Dive

BOTTOM TIME
_____
DEPTH

| TIME IN: | TIME OUT: |
| --- | --- |
| | |

| Bar / psi START | Bar / psi END |
| --- | --- |
| | |

RNT_____
ABT _____
TBT _____

VISIBILITY:
_____

TEMP: Air _____ Surface _____ Bottom _____

**GEAR USED**
**BCD:** _____
**Wetsuit:** _____
**Fins:** _____
**Weights:** _____ **kg/lbs**
**Cylinder:** _____ **Litres**

□ **Steel**   □ **Aluminium**
□ **Fresh**   □ **Salt**   □ **Shore**   □ **Boat**   □ **Drift**   □ **Right**   □ **Training**

DIVE SHOP STAMP

**Dive Comments:**

_____

_____

_____

_____

_____

BOTTOM TIME TO
DATE: _____

Time Of This Dive: _____

Cumulative Dive
Time: _____

**Verification Signature:**

_____

□ **Instructor** □ **Divemaster** □ **Buddy**

Certification No: _____

Dive Number: _____
Date: _____
Location: _____
Ocean: _____

| TIME IN: | TIME OUT: |
| --- | --- |
|  |  |

| Bar / psi START | Bar / psi END |
| --- | --- |
|  |  |

**GEAR USED**
**BCD:** _____
**Wetsuit:** _____
**Fins:** _____
**Weights:** _____ **kg/lbs**
**Cylinder:** _____ **Litres**

□ **Steel**   □ **Aluminium**
□ **Fresh**   □ **Salt**   □ **Shore**   □ **Boat**   □ **Drift**   □ **Right**   □ **Training**

**Dive Comments:**
_____
_____
_____
_____
_____

| SI | PG | | PG |
| --- | --- | --- | --- |

□ Computer Dive

BOTTOM TIME _____
DEPTH

RNT_____
ABT _____
TBT _____

VISIBILITY:
_____

TEMP: Air ____ Surface ____ Bottom ____

DIVE SHOP STAMP

| BOTTOM TIME TO DATE: _____ | **Verification Signature:** _____ |
| --- | --- |
| Time Of This Dive: _____ | □ Instructor □ Divemaster □ Buddy |
| Cumulative Dive Time: _____ | Certification No: _____ |

Dive Number: _____

Date: _____

Location: _____

Ocean: _____

| TIME IN: | TIME OUT: |
|---|---|
| | |

| Bar / psi START | Bar / psi END |
|---|---|
| | |

| SI | PG | | PG |
|---|---|---|---|

☐ Computer Dive

BOTTOM TIME
_____
DEPTH

RNT_____
ABT _____
TBT _____

VISIBILITY:
_____

TEMP: Air _____ Surface _____ Bottom _____

DIVE SHOP STAMP

**GEAR USED**
**BCD:** _____
**Wetsuit:** _____
**Fins:** _____
**Weights:** _____ **kg/lbs**
**Cylinder:** _____ **Litres**

☐ **Steel**   ☐ **Aluminium**
☐ **Fresh**   ☐ **Salt**   ☐ **Shore**   ☐ **Boat**   ☐ **Drift**   ☐ **Right**   ☐ **Training**

**Dive Comments:**
_____
_____
_____
_____
_____

BOTTOM TIME TO
DATE:               _____

Time Of This Dive:   _____

Cumulative Dive
Time:               _____

**Verification Signature:**

_____

☐ **Instructor** ☐ **Divemaster** ☐ **Buddy**

Certification No: _____

Dive Number: _____

Date: _____

Location: _____

Ocean: _____

| SI | PG | | PG |
|----|----|----|----|

☐ Computer Dive

BOTTOM TIME
_____

DEPTH

| TIME IN: | TIME OUT: |
|----------|-----------|
|          |           |

| Bar / psi START | Bar / psi END |
|-----------------|---------------|
|                 |               |

RNT_____
ABT _____
TBT _____

VISIBILITY:
_____

TEMP: Air _____ Surface _____ Bottom _____

**GEAR USED**
**BCD:** _____
**Wetsuit:** _____
**Fins:** _____
**Weights:** _____ **kg/lbs**
**Cylinder:** _____ **Litres**

DIVE SHOP STAMP

☐ **Steel**   ☐ **Aluminium**
☐ **Fresh**   ☐ **Salt**   ☐ **Shore**   ☐ **Boat**   ☐ **Drift**   ☐ **Right**   ☐ **Training**

**Dive Comments:**

_____
_____
_____
_____
_____

BOTTOM TIME TO DATE: _____

Time Of This Dive: _____

Cumulative Dive Time: _____

**Verification Signature:**

_____

☐ **Instructor** ☐ **Divemaster** ☐ **Buddy**

Certification No: _____

Dive Number: _____

Date: _____

Location: _____

Ocean: _____

| SI | PG | | PG |
|----|----|----|----|

☐ Computer Dive

BOTTOM TIME
_____
DEPTH

| TIME IN: | TIME OUT: |
|----------|-----------|
|          |           |

| Bar / psi START | Bar / psi END |
|-----------------|---------------|
|                 |               |

RNT_____
ABT _____
TBT _____

VISIBILITY:
_____

TEMP: Air _____ Surface _____ Bottom _____

**GEAR USED**
**BCD:** _____
**Wetsuit:** _____
**Fins:** _____
**Weights:** _____ **kg/lbs**
**Cylinder:** _____ **Litres**

DIVE SHOP STAMP

☐ **Steel**   ☐ **Aluminium**
☐ **Fresh**   ☐ **Salt**   ☐ **Shore**   ☐ **Boat**   ☐ **Drift**   ☐ **Right**   ☐ **Training**

**Dive Comments:**

_____
_____
_____
_____
_____

BOTTOM TIME TO
DATE: _____

Time Of This Dive: _____

Cumulative Dive
Time: _____

**Verification Signature:**

_____

☐ **Instructor** ☐ **Divemaster** ☐ **Buddy**

**Certification No:** _____

Dive Number: _____
Date: _____
Location: _____
Ocean: _____

| SI | PG | | PG |

☐ Computer Dive

BOTTOM TIME
_____
DEPTH

| TIME IN: | TIME OUT: |
|----------|-----------|
|          |           |

RNT_____
ABT _____
TBT _____

VISIBILITY:
_____

| Bar / psi START | Bar / psi END |
|-----------------|---------------|
|                 |               |

TEMP: Air _____ Surface _____ Bottom _____

**GEAR USED**
**BCD:** _____
**Wetsuit:** _____
**Fins:** _____
**Weights:** _____ **kg/lbs**
**Cylinder:** _____ **Litres**

DIVE SHOP STAMP

☐ **Steel**    ☐ **Aluminium**
☐ **Fresh**    ☐ **Salt**    ☐ **Shore**    ☐ **Boat**    ☐ **Drift**    ☐ **Right**    ☐ **Training**

**Dive Comments:**
_____
_____
_____
_____
_____
_____

BOTTOM TIME TO
DATE:            _____

Time Of This Dive:  _____

Cumulative Dive
Time:            _____

**Verification Signature:**

_____

☐ **Instructor** ☐ **Divemaster** ☐ **Buddy**

**Certification No:** _____

Dive Number: _____

Date: _____

Location: _____

Ocean: _____

| TIME IN: | TIME OUT: |
|---|---|
|  |  |

| Bar / psi START | Bar / psi END |
|---|---|
|  |  |

**GEAR USED**
**BCD:** _____
**Wetsuit:** _____
**Fins:** _____
**Weights:** _____ **kg/lbs**
**Cylinder:** _____ **Litres**

□ **Steel**   □ **Aluminium**
□ **Fresh**   □ **Salt**   □ **Shore**   □ **Boat**   □ **Drift**   □ **Right**   □ **Training**

**Dive Comments:**

_____

_____

_____

_____

_____

| SI | PG | | PG |
|---|---|---|---|

□ Computer Dive      BOTTOM TIME
_____
DEPTH

RNT_____
ABT _____
TBT _____

VISIBILITY:
_____

TEMP: Air ____ Surface ____ Bottom ____

DIVE SHOP STAMP

BOTTOM TIME TO
DATE: _____

Time Of This Dive: _____

Cumulative Dive
Time: _____

**Verification Signature:**

_____

□ **Instructor** □ **Divemaster** □ **Buddy**

Certification No: _____

Dive Number: _____

Date: _____

Location: _____

Ocean: _____

| SI | PG | | PG |
|----|----|--|----|

☐ Computer Dive

BOTTOM TIME
_____
DEPTH

| TIME IN: | TIME OUT: |
|----------|-----------|
|          |           |

| Bar / psi START | Bar / psi END |
|-----------------|---------------|
|                 |               |

RNT_____
ABT _____
TBT _____

VISIBILITY:
_____

TEMP: Air _____ Surface _____ Bottom _____

**GEAR USED**
**BCD:** _____
**Wetsuit:** _____
**Fins:** _____
**Weights:** _____ kg/lbs
**Cylinder:** _____ Litres

DIVE SHOP STAMP

☐ **Steel**   ☐ **Aluminium**
☐ **Fresh**   ☐ **Salt**   ☐ **Shore**   ☐ **Boat**   ☐ **Drift**   ☐ **Right**   ☐ **Training**

**Dive Comments:**

_____
_____
_____
_____
_____

BOTTOM TIME TO
DATE: _____

Time Of This Dive: _____

Cumulative Dive
Time: _____

**Verification Signature:**

_____

☐ **Instructor** ☐ **Divemaster** ☐ **Buddy**

Certification No: _____

Dive Number: _____

Date: _____

Location: _____

Ocean: _____

| SI | PG | | PG |

Computer Dive

BOTTOM TIME
_____
DEPTH

| TIME IN: | TIME OUT: |
|----------|-----------|
|          |           |

| Bar / psi START | Bar / psi END |
|-----------------|---------------|
|                 |               |

RNT_____
ABT _____
TBT _____

VISIBILITY:
_____

TEMP: Air ____ Surface ____ Bottom ____

**GEAR USED**
**BCD:** _____
**Wetsuit:** _____
**Fins:** _____
**Weights:** _____ **kg/lbs**
**Cylinder:** _____ **Litres**

DIVE SHOP STAMP

☐ **Steel**   ☐ **Aluminium**
☐ **Fresh**   ☐ **Salt**   ☐ **Shore**   ☐ **Boat**   ☐ **Drift**   ☐ **Right**   ☐ **Training**

**Dive Comments:**

_____

_____

_____

_____

_____

BOTTOM TIME TO
DATE: _____

Time Of This Dive: _____

Cumulative Dive
Time: _____

**Verification Signature:**

_____

☐ **Instructor** ☐ **Divemaster** ☐ **Buddy**

Certification No: _____

Dive Number: _____
Date: _____
Location: _____
Ocean: _____

| SI | PG | | PG |

| Computer Dive | BOTTOM TIME _____ DEPTH |

| TIME IN: | TIME OUT: |
|---|---|
| | |

| RNT_____ ABT _____ TBT _____ | VISIBILITY: _____ |

| Bar / psi START | Bar / psi END |
|---|---|
| | |

TEMP: Air _____ Surface _____ Bottom _____

**GEAR USED**
**BCD:** _____
**Wetsuit:** _____
**Fins:** _____
**Weights:** _____ **kg/lbs**
**Cylinder:** _____ **Litres**

DIVE SHOP STAMP

☐ **Steel** ☐ **Aluminium**
☐ **Fresh** ☐ **Salt** ☐ **Shore** ☐ **Boat** ☐ **Drift** ☐ **Right** ☐ **Training**

**Dive Comments:**
_____
_____
_____
_____
_____

| BOTTOM TIME TO DATE: _____ | **Verification Signature:** |
|---|---|
| Time Of This Dive: _____ | _____ |
| | ☐ Instructor ☐ Divemaster ☐ Buddy |
| Cumulative Dive Time: _____ | Certification No: _____ |

Dive Number: _____

Date: _____

Location: _____

Ocean: _____

| SI | PG | | PG |

☐ Computer Dive

BOTTOM TIME
_____
DEPTH

| TIME IN: | TIME OUT: |
|----------|-----------|
|          |           |

RNT_____
ABT _____
TBT _____

VISIBILITY:
_____

| Bar / psi START | Bar / psi END |
|-----------------|---------------|
|                 |               |

TEMP: Air _____ Surface _____ Bottom _____

**GEAR USED**
**BCD:** _____
**Wetsuit:** _____
**Fins:** _____
**Weights:** _____ kg/lbs
**Cylinder:** _____ Litres

DIVE SHOP STAMP

☐ **Steel**   ☐ **Aluminium**
☐ **Fresh**   ☐ **Salt**   ☐ **Shore**   ☐ **Boat**   ☐ **Drift**   ☐ **Right**   ☐ **Training**

**Dive Comments:**
_____
_____
_____
_____
_____

BOTTOM TIME TO
DATE: _____

Time Of This Dive: _____

Cumulative Dive
Time: _____

**Verification Signature:**

_____

☐ **Instructor** ☐ **Divemaster** ☐ **Buddy**

**Certification No:** _____

Dive Number: _____

Date: _____

Location: _____

Ocean: _____

| SI | PG | | | PG |
|----|----|----|----|----|

☐ Computer Dive

BOTTOM TIME
_____

DEPTH

| TIME IN: | TIME OUT: |
|----------|-----------|
|          |           |

| Bar / psi START | Bar / psi END |
|-----------------|---------------|
|                 |               |

RNT_____
ABT _____
TBT _____

VISIBILITY:
_____

TEMP: Air _____ Surface _____ Bottom _____

DIVE SHOP STAMP

**GEAR USED**
**BCD:** _____
**Wetsuit:** _____
**Fins:** _____
**Weights:** _____ **kg/lbs**
**Cylinder:** _____ **Litres**

☐ **Steel**   ☐ **Aluminium**
☐ **Fresh**   ☐ **Salt**   ☐ **Shore**   ☐ **Boat**   ☐ **Drift**   ☐ **Right**   ☐ **Training**

**Dive Comments:**

_____
_____
_____
_____
_____

| BOTTOM TIME TO DATE: _____ | **Verification Signature:** |
|---|---|
| Time Of This Dive: _____ | _____ |
| | ☐ **Instructor** ☐ **Divemaster** ☐ **Buddy** |
| Cumulative Dive Time: _____ | **Certification No:** _____ |

Dive Number: _____

Date: _____

Location: _____

Ocean: _____

| SI | PG | | PG |

☐ Computer Dive

BOTTOM TIME
_____
DEPTH

| TIME IN: | TIME OUT: |
|---|---|
| | |
| Bar / psi **START** | Bar / psi **END** |

RNT_____
ABT _____
TBT _____

VISIBILITY:
_____

TEMP: Air ____ Surface ____ Bottom ____

**GEAR USED**
**BCD:** _____
**Wetsuit:** _____
**Fins:** _____
**Weights:** _____ **kg/lbs**
**Cylinder:** _____ **Litres**

☐ **Steel**   ☐ **Aluminium**
☐ **Fresh**   ☐ **Salt**   ☐ **Shore**   ☐ **Boat**   ☐ **Drift**   ☐ **Right**   ☐ **Training**

DIVE SHOP STAMP

**Dive Comments:**

_____
_____
_____
_____
_____

BOTTOM TIME TO
DATE: _____

Time Of This Dive: _____

Cumulative Dive
Time: _____

**Verification Signature:**

_____

☐ **Instructor** ☐ **Divemaster** ☐ **Buddy**

**Certification No:** _____

Dive Number: _____
Date: _____
Location: _____
Ocean: _____

| SI | PG | | PG |

☐ Computer Dive

BOTTOM TIME
_____
DEPTH

| TIME IN: | TIME OUT: |
|---|---|
| | |

RNT_____
ABT _____
TBT _____

VISIBILITY:
_____

| Bar / psi START | Bar / psi END |
|---|---|
| | |

TEMP: Air ____ Surface ____ Bottom ____

**GEAR USED**
**BCD:** _____
**Wetsuit:** _____
**Fins:** _____
**Weights:** _____ **kg/lbs**
**Cylinder:** _____ **Litres**

DIVE SHOP STAMP

☐ **Steel** ☐ **Aluminium**
☐ **Fresh** ☐ **Salt** ☐ **Shore** ☐ **Boat** ☐ **Drift** ☐ **Right** ☐ **Training**

**Dive Comments:**
_____
_____
_____
_____
_____

BOTTOM TIME TO
DATE: _____

Time Of This Dive: _____

Cumulative Dive
Time: _____

**Verification Signature:**

_____

☐ **Instructor** ☐ **Divemaster** ☐ **Buddy**

Certification No: _____

Dive Number: _____

Date: _____

Location: _____

Ocean: _____

| SI | PG | | PG |
|----|----|----|----|

☐ Computer Dive

BOTTOM TIME
_____
DEPTH

| TIME IN: | TIME OUT: |
|----------|-----------|
|          |           |

| Bar / psi START | Bar / psi END |
|-----------------|---------------|
|                 |               |

RNT_____
ABT _____
TBT _____

VISIBILITY:
_____

TEMP: Air _____ Surface _____ Bottom _____

**GEAR USED**
**BCD:** _____
**Wetsuit:** _____
**Fins:** _____
**Weights:** _____ **kg/lbs**
**Cylinder:** _____ **Litres**

DIVE SHOP STAMP

☐ **Steel**   ☐ **Aluminium**
☐ **Fresh**   ☐ **Salt**   ☐ **Shore**   ☐ **Boat**   ☐ **Drift**   ☐ **Right**   ☐ **Training**

**Dive Comments:**

_____
_____
_____
_____
_____

| BOTTOM TIME TO DATE: _____ | **Verification Signature:** |
|---|---|
| Time Of This Dive: _____ | _____ |
| | ☐ **Instructor** ☐ **Divemaster** ☐ **Buddy** |
| Cumulative Dive Time: _____ | **Certification No:** _____ |

Dive Number: _____
Date: _____
Location: _____
Ocean: _____

| SI | PG | | PG |

☐ Computer Dive

BOTTOM TIME
_____
DEPTH

| TIME IN: | TIME OUT: |
|---|---|
|  |  |

| Bar / psi START | Bar / psi END |
|---|---|
|  |  |

RNT_____
ABT _____
TBT _____

VISIBILITY:
_____

TEMP: Air _____ Surface _____ Bottom _____

**GEAR USED**
**BCD:** _____
**Wetsuit:** _____
**Fins:** _____
**Weights:** _____ **kg/lbs**
**Cylinder:** _____ **Litres**

DIVE SHOP STAMP

☐ **Steel**   ☐ **Aluminium**
☐ **Fresh**   ☐ **Salt**   ☐ **Shore**   ☐ **Boat**   ☐ **Drift**   ☐ **Right**   ☐ **Training**

**Dive Comments:**
_____
_____
_____
_____
_____

BOTTOM TIME TO
DATE: _____

Time Of This Dive: _____

Cumulative Dive
Time: _____

**Verification Signature:**

_____

☐ **Instructor** ☐ **Divemaster** ☐ **Buddy**

Certification No: _____

Dive Number: _____

Date: _____

Location: _____

Ocean: _____

| SI | PG | | PG |
| --- | --- | --- | --- |

☐ Computer Dive

BOTTOM TIME
_____
DEPTH

| TIME IN: | TIME OUT: |
| --- | --- |
|  |  |

| Bar / psi START | Bar / psi END |
| --- | --- |
|  |  |

RNT_____
ABT _____
TBT _____

VISIBILITY:
_____

TEMP: Air _____ Surface _____ Bottom _____

**GEAR USED**
**BCD:** _____
**Wetsuit:** _____
**Fins:** _____
**Weights:** _____ **kg/lbs**
**Cylinder:** _____ **Litres**

DIVE SHOP STAMP

☐ **Steel**   ☐ **Aluminium**
☐ **Fresh**   ☐ **Salt**   ☐ **Shore**   ☐ **Boat**   ☐ **Drift**   ☐ **Right**   ☐ **Training**

**Dive Comments:**

_____

_____

_____

_____

_____

| BOTTOM TIME TO DATE: _____ | **Verification Signature:** |
| --- | --- |
| Time Of This Dive: _____ | _____ |
| Cumulative Dive Time: _____ | ☐ **Instructor** ☐ **Divemaster** ☐ **Buddy** |
|  | **Certification No:** _____ |

Dive Number: _____
Date: _____
Location: _____
Ocean: _____

| SI | PG | | PG |

☐ Computer Dive

BOTTOM TIME _____

DEPTH

| TIME IN: | TIME OUT: |
|---|---|
|  |  |

| Bar / psi START | Bar / psi END |

RNT_____
ABT _____
TBT _____

VISIBILITY: _____

TEMP: Air _____ Surface _____ Bottom _____

**GEAR USED**
**BCD:** _____
**Wetsuit:** _____
**Fins:** _____
**Weights:** _____ **kg/lbs**
**Cylinder:** _____ **Litres**

DIVE SHOP STAMP

☐ **Steel**    ☐ **Aluminium**
☐ **Fresh**   ☐ **Salt**   ☐ **Shore**   ☐ **Boat**   ☐ **Drift**   ☐ **Right**   ☐ **Training**

**Dive Comments:**
_____
_____
_____
_____
_____
_____

BOTTOM TIME TO DATE: _____

Time Of This Dive: _____

Cumulative Dive Time: _____

**Verification Signature:**

_____

☐ **Instructor** ☐ **Divemaster** ☐ **Buddy**

Certification No: _____

Dive Number: _____
Date: _____
Location: _____
Ocean: _____

| SI | PG | | PG |
| --- | --- | --- | --- |

☐ Computer Dive

BOTTOM TIME
_____
DEPTH

| TIME IN: | TIME OUT: |
| --- | --- |
| | |

| Bar / psi START | Bar / psi END |
| --- | --- |
| | |

RNT_____
ABT _____
TBT _____

VISIBILITY:
_____

TEMP: Air ____ Surface ____ Bottom ____

**GEAR USED**
**BCD:** _____
**Wetsuit:** _____
**Fins:** _____
**Weights:** _____ **kg/lbs**
**Cylinder:** _____ **Litres**

☐ **Steel**  ☐ **Aluminium**
☐ **Fresh**  ☐ **Salt**  ☐ **Shore**  ☐ **Boat**  ☐ **Drift**  ☐ **Right**  ☐ **Training**

DIVE SHOP STAMP

**Dive Comments:**

_____
_____
_____
_____
_____

BOTTOM TIME TO
DATE: _____

Time Of This Dive: _____

Cumulative Dive
Time: _____

**Verification Signature:**

_____

☐ **Instructor** ☐ **Divemaster** ☐ **Buddy**

**Certification No:** _____

Dive Number: _____

Date: _____

Location: _____

Ocean: _____

| SI | PG | | PG |
|----|----|----|----|

☐ Computer Dive

BOTTOM TIME
_____

DEPTH

| TIME IN: | TIME OUT: |
|----------|-----------|
|          |           |

RNT_____
ABT _____
TBT _____

VISIBILITY:
_____

| Bar / psi START | Bar / psi END |
|-----------------|---------------|
|                 |               |

TEMP: Air _____ Surface _____ Bottom _____

**GEAR USED**
**BCD:** _____
**Wetsuit:** _____
**Fins:** _____
**Weights:** _____ **kg/lbs**
**Cylinder:** _____ **Litres**

DIVE SHOP STAMP

☐ **Steel**   ☐ **Aluminium**
☐ **Fresh**   ☐ **Salt**   ☐ **Shore**   ☐ **Boat**   ☐ **Drift**   ☐ **Right**   ☐ **Training**

**Dive Comments:**

_____
_____
_____
_____
_____

BOTTOM TIME TO DATE: _____

Time Of This Dive: _____

Cumulative Dive Time: _____

**Verification Signature:**

_____

☐ Instructor ☐ Divemaster ☐ Buddy

Certification No: _____

Dive Number: _____
Date: _____
Location: _____
Ocean: _____

| SI | PG | | PG |
| --- | --- | --- | --- |

☐ Computer Dive

BOTTOM TIME
_____

DEPTH

| TIME IN: | TIME OUT: |
| --- | --- |
| | |

| Bar / psi START | Bar / psi END |
| --- | --- |
| | |

RNT_____
ABT _____
TBT _____

VISIBILITY:
_____

TEMP: Air ____ Surface ____ Bottom ____

**GEAR USED**
**BCD:** _____
**Wetsuit:** _____
**Fins:** _____
**Weights:** _____ **kg/lbs**
**Cylinder:** _____ **Litres**

DIVE SHOP STAMP

☐ **Steel**   ☐ **Aluminium**
☐ **Fresh**   ☐ **Salt**   ☐ **Shore**   ☐ **Boat**   ☐ **Drift**   ☐ **Right**   ☐ **Training**

**Dive Comments:**
_____
_____
_____
_____
_____

BOTTOM TIME TO
DATE:          _____

Time Of This Dive:  _____

Cumulative Dive
Time:          _____

**Verification Signature:**

_____

☐ **Instructor** ☐ **Divemaster** ☐ **Buddy**

Certification No: _____

**Dive Number:** _____

**Date:** _____

**Location:** _____

**Ocean:** _____

| SI | PG | | PG |
|----|----|----|----|

☐ Computer Dive

BOTTOM TIME
_____
DEPTH

| TIME IN: | TIME OUT: |
|----------|-----------|
|          |           |

RNT_____
ABT _____
TBT _____

VISIBILITY:
_____

| Bar / psi START | Bar / psi END |
|-----------------|---------------|
|                 |               |

TEMP: Air ____ Surface ____ Bottom ____

**GEAR USED**

**BCD:** _____

**Wetsuit:** _____

**Fins:** _____

**Weights:** _____ **kg/lbs**

**Cylinder:** _____ **Litres**

DIVE SHOP STAMP

☐ **Steel**   ☐ **Aluminium**

☐ **Fresh**   ☐ **Salt**   ☐ **Shore**   ☐ **Boat**   ☐ **Drift**   ☐ **Right**   ☐ **Training**

**Dive Comments:**

_____
_____
_____
_____
_____

BOTTOM TIME TO
DATE: _____

Time Of This Dive: _____

Cumulative Dive
Time: _____

**Verification Signature:**

_____

☐ **Instructor** ☐ **Divemaster** ☐ **Buddy**

Certification No: _____

Dive Number: _____
Date: _____
Location: _____
Ocean: _____

| SI | PG | | PG |

☐ Computer Dive

BOTTOM TIME
_____
DEPTH

| TIME IN: | TIME OUT: |
| --- | --- |
| | |

RNT_____
ABT _____
TBT _____

VISIBILITY:
_____

| Bar / psi START | Bar / psi END |
| --- | --- |
| | |

TEMP: Air _____ Surface _____ Bottom _____

**GEAR USED**
**BCD: _____**
**Wetsuit: _____**
**Fins: _____**
**Weights: _____ kg/lbs**
**Cylinder: _____ Litres**

DIVE SHOP STAMP

☐ **Steel**   ☐ **Aluminium**
☐ **Fresh**   ☐ **Salt**   ☐ **Shore**   ☐ **Boat**   ☐ **Drift**   ☐ **Right**   ☐ **Training**

**Dive Comments:**
_____
_____
_____
_____
_____

BOTTOM TIME TO
DATE:              _____

Time Of This Dive:  _____

Cumulative Dive
Time:              _____

**Verification Signature:**

_____

☐ **Instructor** ☐ **Divemaster** ☐ **Buddy**

**Certification No: _____**

Dive Number: _____
Date: _____
Location: _____
Ocean: _____

| SI | PG | | PG |
|----|----|----|----|

☐ Computer Dive

BOTTOM TIME
_____
DEPTH

| TIME IN: | TIME OUT: |
|----------|-----------|
|          |           |
|          |           |

| Bar / psi START | Bar / psi END |
|-----------------|---------------|
|                 |               |

RNT_____
ABT _____
TBT _____

VISIBILITY:
_____

TEMP: Air ____ Surface ____ Bottom ____

DIVE SHOP STAMP

**GEAR USED**
**BCD:** _____
**Wetsuit:** _____
**Fins:** _____
**Weights:** _____ **kg/lbs**
**Cylinder:** _____ **Litres**

☐ **Steel**   ☐ **Aluminium**
☐ **Fresh**   ☐ **Salt**   ☐ **Shore**   ☐ **Boat**   ☐ **Drift**   ☐ **Right**   ☐ **Training**

**Dive Comments:**
_____
_____
_____
_____
_____
_____

BOTTOM TIME TO
DATE: _____

Time Of This Dive: _____

Cumulative Dive
Time: _____

**Verification Signature:**

_____

☐ **Instructor** ☐ **Divemaster** ☐ **Buddy**

Certification No: _____

Dive Number: _____

Date: _____

Location: _____

Ocean: _____

| SI | PG | | PG |

☐ Computer Dive

BOTTOM TIME

_____

DEPTH

| TIME IN: | TIME OUT: |
| --- | --- |
| | |

| Bar / psi START | Bar / psi END |
| --- | --- |

RNT_____
ABT _____
TBT _____

VISIBILITY:

_____

TEMP: Air _____ Surface _____ Bottom _____

**GEAR USED**
**BCD:** _____
**Wetsuit:** _____
**Fins:** _____
**Weights:** _____ kg/lbs
**Cylinder:** _____ Litres

DIVE SHOP STAMP

☐ **Steel**   ☐ **Aluminium**
☐ **Fresh**   ☐ **Salt**   ☐ **Shore**   ☐ **Boat**   ☐ **Drift**   ☐ **Right**   ☐ **Training**

**Dive Comments:**

_____

_____

_____

_____

_____

BOTTOM TIME TO
DATE: _____

Time Of This Dive: _____

Cumulative Dive
Time: _____

**Verification Signature:**

_____

☐ **Instructor** ☐ **Divemaster** ☐ **Buddy**

Certification No: _____

Dive Number: _____

Date: _____

Location: _____

Ocean: _____

| SI | PG | | PG |
| --- | --- | --- | --- |

☐ Computer Dive

BOTTOM TIME
_____
DEPTH

| TIME IN: | TIME OUT: |
| --- | --- |
| | |

| Bar / psi START | Bar / psi END |
| --- | --- |
| | |

RNT_____
ABT _____
TBT _____

VISIBILITY:
_____

TEMP: Air _____ Surface _____ Bottom _____

**GEAR USED**
**BCD:** _____
**Wetsuit:** _____
**Fins:** _____
**Weights:** _____ **kg/lbs**
**Cylinder:** _____ **Litres**

☐ **Steel**　☐ **Aluminium**
☐ **Fresh**　☐ **Salt**　☐ **Shore**　☐ **Boat**　☐ **Drift**　☐ **Right**　☐ **Training**

DIVE SHOP STAMP

**Dive Comments:**

_____
_____
_____
_____
_____

BOTTOM TIME TO DATE: _____

Time Of This Dive: _____

Cumulative Dive Time: _____

**Verification Signature:**

_____

☐ **Instructor** ☐ **Divemaster** ☐ **Buddy**

Certification No: _____

Dive Number: _____

Date: _____

Location: _____

Ocean: _____

| SI | PG | | PG |

☐ Computer Dive

BOTTOM TIME
_____
DEPTH

| TIME IN: | TIME OUT: |
|---|---|
| | |

| Bar / psi START | Bar / psi END |
|---|---|
| | |

RNT_____
ABT _____
TBT _____

VISIBILITY:
_____

TEMP: Air _____ Surface _____ Bottom _____

**GEAR USED**
**BCD:** _____
**Wetsuit:** _____
**Fins:** _____
**Weights:** _____ **kg/lbs**
**Cylinder:** _____ **Litres**

☐ **Steel**    ☐ **Aluminium**
☐ **Fresh**    ☐ **Salt**    ☐ **Shore**    ☐ **Boat**    ☐ **Drift**    ☐ **Right**    ☐ **Training**

DIVE SHOP STAMP

**Dive Comments:**
_____
_____
_____
_____
_____

BOTTOM TIME TO
DATE: _____

Time Of This Dive: _____

Cumulative Dive
Time: _____

**Verification Signature:**

_____

☐ **Instructor** ☐ **Divemaster** ☐ **Buddy**

Certification No: _____

Dive Number: _____

Date: _____

Location: _____

Ocean: _____

| SI | PG | | PG |

Computer Dive

BOTTOM TIME
_____
DEPTH

| TIME IN: | TIME OUT: |
| --- | --- |
|  |  |

RNT_____
ABT _____
TBT _____

VISIBILITY:
_____

| Bar / psi START | Bar / psi END |
| --- | --- |

TEMP: Air ____ Surface ____ Bottom ____

DIVE SHOP STAMP

**GEAR USED**
**BCD:** _____
**Wetsuit:** _____
**Fins:** _____
**Weights:** _____ **kg/lbs**
**Cylinder:** _____ **Litres**

□ **Steel**  □ **Aluminium**
□ **Fresh**  □ **Salt**  □ **Shore**  □ **Boat**  □ **Drift**  □ **Right**  □ **Training**

**Dive Comments:**

_____

_____

_____

_____

_____

BOTTOM TIME TO
DATE: _____

Time Of This Dive: _____

Cumulative Dive
Time: _____

**Verification Signature:**

_____

□ **Instructor** □ **Divemaster** □ **Buddy**

**Certification No:** _____

Dive Number: _____

Date: _____

Location: _____

Ocean: _____

| SI | PG | | PG |
| --- | --- | --- | --- |

☐ Computer Dive

BOTTOM TIME

_____

DEPTH

| TIME IN: | TIME OUT: |
| --- | --- |
| | |

| Bar / psi<br>START | Bar / psi<br>END |
| --- | --- |
| | |

RNT_____
ABT _____
TBT _____

VISIBILITY:

_____

TEMP: Air _____ Surface _____ Bottom _____

DIVE SHOP STAMP

**GEAR USED**
**BCD:** _____
**Wetsuit:** _____
**Fins:** _____
**Weights:** _____ **kg/lbs**
**Cylinder:** _____ **Litres**

☐ **Steel**   ☐ **Aluminium**
☐ **Fresh**   ☐ **Salt**   ☐ **Shore**   ☐ **Boat**   ☐ **Drift**   ☐ **Right**   ☐ **Training**

**Dive Comments:**

_____
_____
_____
_____
_____

BOTTOM TIME TO
DATE:          _____

Time Of This Dive:   _____

Cumulative Dive
Time:          _____

**Verification Signature:**

_____

☐ **Instructor** ☐ **Divemaster** ☐ **Buddy**

**Certification No:** _____

Dive Number: _____
Date: _____
Location: _____
Ocean: _____

| TIME IN: | TIME OUT: |
|---|---|
| | |

| Bar / psi START | Bar / psi END |
|---|---|
| | |

| SI | PG | | PG |
|---|---|---|---|

☐ Computer Dive

BOTTOM TIME
_____
DEPTH

RNT_____
ABT _____
TBT _____

VISIBILITY:
_____

TEMP: Air _____ Surface _____ Bottom _____

DIVE SHOP STAMP

**GEAR USED**
**BCD:** _____
**Wetsuit:** _____
**Fins:** _____
**Weights:** _____ **kg/lbs**
**Cylinder:** _____ **Litres**

☐ **Steel**   ☐ **Aluminium**
☐ **Fresh**   ☐ **Salt**   ☐ **Shore**   ☐ **Boat**   ☐ **Drift**   ☐ **Right**   ☐ **Training**

**Dive Comments:**
_____
_____
_____
_____
_____

BOTTOM TIME TO DATE: _____

Time Of This Dive: _____

Cumulative Dive Time: _____

**Verification Signature:**

_____

☐ **Instructor** ☐ **Divemaster** ☐ **Buddy**

Certification No: _____

Dive Number: _____
Date: _____
Location: _____
Ocean: _____

| SI | PG | | PG |

□ Computer Dive

BOTTOM TIME
_____
DEPTH

| TIME IN: | TIME OUT: |
|----------|-----------|
|          |           |

| Bar / psi START | Bar / psi END |
|-----------------|---------------|
|                 |               |

RNT_____
ABT _____
TBT _____

VISIBILITY:
_____

TEMP: Air _____ Surface _____ Bottom _____

**GEAR USED**
**BCD:** _____
**Wetsuit:** _____
**Fins:** _____
**Weights:** _____ **kg/lbs**
**Cylinder:** _____ **Litres**

DIVE SHOP STAMP

□ **Steel**   □ **Aluminium**
□ **Fresh**   □ **Salt**   □ **Shore**   □ **Boat**   □ **Drift**   □ **Right**   □ **Training**

**Dive Comments:**
_____
_____
_____
_____
_____

BOTTOM TIME TO
DATE: _____

Time Of This Dive: _____

Cumulative Dive
Time: _____

**Verification Signature:**

_____

□ **Instructor** □ **Divemaster** □ **Buddy**

Certification No: _____

Dive Number: _____

Date: _____

Location: _____

Ocean: _____

| SI | PG | | PG |

☐ Computer Dive  BOTTOM TIME
_____
DEPTH

| TIME IN: | TIME OUT: |
|---|---|
| | |

| Bar / psi START | Bar / psi END |
|---|---|
| | |

RNT_____
ABT _____
TBT _____

VISIBILITY:
_____

TEMP: Air _____ Surface _____ Bottom _____

**GEAR USED**
**BCD:** _____
**Wetsuit:** _____
**Fins:** _____
**Weights:** _____ kg/lbs
**Cylinder:** _____ Litres

DIVE SHOP STAMP

☐ **Steel**    ☐ **Aluminium**
☐ **Fresh**    ☐ **Salt**    ☐ **Shore**    ☐ **Boat**    ☐ **Drift**    ☐ **Right**    ☐ **Training**

**Dive Comments:**

_____
_____
_____
_____
_____

BOTTOM TIME TO
DATE: _____

Time Of This Dive: _____

Cumulative Dive
Time: _____

**Verification Signature:**

_____

☐ Instructor ☐ Divemaster ☐ Buddy

Certification No: _____

Dive Number: _____

Date: _____

Location: _____

Ocean: _____

| SI | PG | | PG |
|----|----|---|----|

☐ Computer Dive

BOTTOM TIME
_____
DEPTH

| TIME IN: | TIME OUT: |
|----------|-----------|
|          |           |

| Bar / psi START | Bar / psi END |
|-----------------|---------------|
|                 |               |

RNT_____
ABT _____
TBT _____

VISIBILITY:
_____

TEMP: Air _____ Surface _____ Bottom _____

**GEAR USED**
**BCD:** _____
**Wetsuit:** _____
**Fins:** _____
**Weights:** _____ **kg/lbs**
**Cylinder:** _____ **Litres**

DIVE SHOP STAMP

☐ **Steel**   ☐ **Aluminium**
☐ **Fresh**   ☐ **Salt**   ☐ **Shore**   ☐ **Boat**   ☐ **Drift**   ☐ **Right**   ☐ **Training**

**Dive Comments:**

_____
_____
_____
_____
_____

BOTTOM TIME TO
DATE: _____

Time Of This Dive: _____

Cumulative Dive
Time: _____

**Verification Signature:**

_____

☐ **Instructor** ☐ **Divemaster** ☐ **Buddy**

Certification No: _____

Dive Number: _____

Date: _____

Location: _____

Ocean: _____

| SI | PG | | PG |

☐ Computer Dive

BOTTOM TIME
_____
DEPTH

| TIME IN: | TIME OUT: |
|---|---|
| | |

RNT_____
ABT _____
TBT _____

VISIBILITY:
_____

| Bar / psi START | Bar / psi END |
|---|---|

TEMP: Air ____ Surface ____ Bottom ____

**GEAR USED**

BCD: _____

Wetsuit: _____

Fins: _____

Weights: _____ kg/lbs

Cylinder: _____ Litres

DIVE SHOP STAMP

☐ Steel   ☐ Aluminium

☐ Fresh   ☐ Salt   ☐ Shore   ☐ Boat   ☐ Drift   ☐ Right   ☐ Training

**Dive Comments:**

_____
_____
_____
_____
_____

BOTTOM TIME TO DATE: _____

Time Of This Dive: _____

Cumulative Dive Time: _____

**Verification Signature:**

_____

☐ Instructor ☐ Divemaster ☐ Buddy

Certification No: _____

Dive Number: _____

Date: _____

Location: _____

Ocean: _____

| SI | PG | | PG |
|----|----|----|----|

☐ Computer Dive

BOTTOM TIME _____

DEPTH

| TIME IN: | TIME OUT: |
|----------|-----------|
| | |
| Bar / psi **START** | Bar / psi **END** |
| | |

RNT_____
ABT _____
TBT _____

VISIBILITY:
_____

TEMP: Air _____ Surface _____ Bottom _____

**GEAR USED**
**BCD:** _____
**Wetsuit:** _____
**Fins:** _____
**Weights:** _____ **kg/lbs**
**Cylinder:** _____ **Litres**

DIVE SHOP STAMP

☐ **Steel**   ☐ **Aluminium**
☐ **Fresh**   ☐ **Salt**   ☐ **Shore**   ☐ **Boat**   ☐ **Drift**   ☐ **Right**   ☐ **Training**

**Dive Comments:**

_____
_____
_____
_____
_____

BOTTOM TIME TO DATE: _____

Time Of This Dive: _____

Cumulative Dive Time: _____

**Verification Signature:**

_____

☐ **Instructor** ☐ **Divemaster** ☐ **Buddy**

**Certification No:** _____

Dive Number: _____
Date: _____
Location: _____
Ocean: _____

| SI | PG | | PG |

Computer Dive

BOTTOM TIME
_____
DEPTH

| TIME IN: | TIME OUT: |
|---|---|
|  |  |

| Bar / psi START | Bar / psi END |
|---|---|
|  |  |

RNT_____
ABT _____
TBT _____

VISIBILITY:
_____

TEMP: Air ____ Surface ____ Bottom ____

**GEAR USED**
**BCD:** _____
**Wetsuit:** _____
**Fins:** _____
**Weights:** _____ **kg/lbs**
**Cylinder:** _____ **Litres**

DIVE SHOP STAMP

□ **Steel** □ **Aluminium**
□ **Fresh** □ **Salt** □ **Shore** □ **Boat** □ **Drift** □ **Right** □ **Training**

**Dive Comments:**
_____
_____
_____
_____
_____

BOTTOM TIME TO
DATE: _____

Time Of This Dive: _____

Cumulative Dive
Time: _____

**Verification Signature:**

_____

□ **Instructor** □ **Divemaster** □ **Buddy**

**Certification No:** _____

Dive Number: _____

Date: _____

Location: _____

Ocean: _____

| SI | PG | | PG |
|----|----|----|----|

☐ Computer Dive

BOTTOM TIME
_____
DEPTH

| TIME IN: | TIME OUT: |
|----------|-----------|
|          |           |

| Bar / psi START | Bar / psi END |
|-----------------|---------------|
|                 |               |

RNT_____
ABT _____
TBT _____

VISIBILITY:
_____

TEMP: Air _____ Surface _____ Bottom _____

**GEAR USED**
**BCD:** _____
**Wetsuit:** _____
**Fins:** _____
**Weights:** _____ **kg/lbs**
**Cylinder:** _____ **Litres**

DIVE SHOP STAMP

☐ **Steel**   ☐ **Aluminium**
☐ **Fresh**   ☐ **Salt**   ☐ **Shore**   ☐ **Boat**   ☐ **Drift**   ☐ **Right**   ☐ **Training**

**Dive Comments:**

_____

_____

_____

_____

_____

BOTTOM TIME TO
DATE: _____

Time Of This Dive: _____

Cumulative Dive
Time: _____

**Verification Signature:**

_____

☐ **Instructor** ☐ **Divemaster** ☐ **Buddy**

**Certification No:** _____

Dive Number: _____

Date: _____

Location: _____

Ocean: _____

| SI | PG | | PG |

☐ Computer Dive    BOTTOM TIME _____

DEPTH

| TIME IN: | TIME OUT: |
|---|---|
|  |  |
| Bar / psi START | Bar / psi END |
|  |  |

RNT_____
ABT _____
TBT _____

VISIBILITY:
_____

TEMP: Air ____ Surface ____ Bottom ____

**GEAR USED**
**BCD:** _____
**Wetsuit:** _____
**Fins:** _____
**Weights:** _____ **kg/lbs**
**Cylinder:** _____ **Litres**

DIVE SHOP STAMP

☐ **Steel**   ☐ **Aluminium**
☐ **Fresh**   ☐ **Salt**   ☐ **Shore**   ☐ **Boat**   ☐ **Drift**   ☐ **Right**   ☐ **Training**

**Dive Comments:**
_____
_____
_____
_____
_____

| BOTTOM TIME TO DATE: _____ | **Verification Signature:** |
|---|---|
| Time Of This Dive: _____ | _____ |
|  | ☐ **Instructor** ☐ **Divemaster** ☐ **Buddy** |
| Cumulative Dive Time: _____ | Certification No: _____ |

Dive Number: _____

Date: _____

Location: _____

Ocean: _____

| SI | PG | | PG |
| --- | --- | --- | --- |

☐ Computer Dive

BOTTOM TIME
_____
DEPTH

| TIME IN: | TIME OUT: |
| --- | --- |
| | |

| Bar / psi START | Bar / psi END |
| --- | --- |
| | |

RNT_____
ABT _____
TBT _____

VISIBILITY:
_____

TEMP: Air _____ Surface _____ Bottom _____

**GEAR USED**
**BCD:** _____
**Wetsuit:** _____
**Fins:** _____
**Weights:** _____ **kg/lbs**
**Cylinder:** _____ **Litres**

☐ **Steel**    ☐ **Aluminium**
☐ **Fresh**    ☐ **Salt**    ☐ **Shore**    ☐ **Boat**    ☐ **Drift**    ☐ **Right**    ☐ **Training**

DIVE SHOP STAMP

**Dive Comments:**

_____
_____
_____
_____
_____

BOTTOM TIME TO
DATE: _____

Time Of This Dive: _____

Cumulative Dive
Time: _____

**Verification Signature:**

_____

☐ **Instructor** ☐ **Divemaster** ☐ **Buddy**

Certification No: _____

Dive Number: _____

Date: _____

Location: _____

Ocean: _____

| SI | PG | | PG |

□ Computer Dive

BOTTOM TIME
_____
DEPTH

| TIME IN: | TIME OUT: |
|---|---|
| | |

RNT_____
ABT _____
TBT _____

VISIBILITY:
_____

| Bar / psi START | Bar / psi END |
|---|---|
| | |

TEMP: Air _____ Surface _____ Bottom _____

**GEAR USED**

**BCD:** _____

**Wetsuit:** _____

**Fins:** _____

**Weights:** _____ **kg/lbs**

**Cylinder:** _____ **Litres**

DIVE SHOP STAMP

□ **Steel**   □ **Aluminium**

□ **Fresh**   □ **Salt**   □ **Shore**   □ **Boat**   □ **Drift**   □ **Right**   □ **Training**

**Dive Comments:**

_____
_____
_____
_____
_____

BOTTOM TIME TO
DATE: _____

Time Of This Dive: _____

Cumulative Dive
Time: _____

**Verification Signature:**

_____

□ **Instructor** □ **Divemaster** □ **Buddy**

Certification No: _____

Dive Number: _____
Date: _____
Location: _____
Ocean: _____

| SI | PG | | PG |

☐ Computer Dive

BOTTOM TIME
_____
DEPTH

| TIME IN: | TIME OUT: |
| --- | --- |
| | |

| Bar / psi START | Bar / psi END |
| --- | --- |

RNT_____
ABT _____
TBT _____

VISIBILITY:
_____

TEMP: Air _____ Surface _____ Bottom _____

**GEAR USED**
**BCD:** _____
**Wetsuit:** _____
**Fins:** _____
**Weights:** _____ **kg/lbs**
**Cylinder:** _____ **Litres**

DIVE SHOP STAMP

☐ **Steel**    ☐ **Aluminium**
☐ **Fresh**    ☐ **Salt**    ☐ **Shore**    ☐ **Boat**    ☐ **Drift**    ☐ **Right**    ☐ **Training**

**Dive Comments:**
_____
_____
_____
_____
_____

BOTTOM TIME TO
DATE: _____

Time Of This Dive: _____

Cumulative Dive
Time: _____

**Verification Signature:**

_____

☐ **Instructor** ☐ **Divemaster** ☐ **Buddy**

**Certification No:** _____

Dive Number: _____
Date: _____
Location: _____
Ocean: _____

| SI | PG | | | PG |
|----|----|----|----|----|

☐ Computer Dive   BOTTOM TIME _____
DEPTH _____

| TIME IN: | TIME OUT: |
|----------|-----------|
|          |           |

| Bar / psi START | Bar / psi END |
|-----------------|---------------|
|                 |               |

RNT_____
ABT _____
TBT _____

VISIBILITY: _____

TEMP: Air ____ Surface ____ Bottom ____

DIVE SHOP STAMP

**GEAR USED**
**BCD:** _____
**Wetsuit:** _____
**Fins:** _____
**Weights:** _____ **kg/lbs**
**Cylinder:** _____ **Litres**

☐ **Steel**   ☐ **Aluminium**
☐ **Fresh**   ☐ **Salt**   ☐ **Shore**   ☐ **Boat**   ☐ **Drift**   ☐ **Right**   ☐ **Training**

**Dive Comments:**
_____
_____
_____
_____
_____

BOTTOM TIME TO
DATE: _____

Time Of This Dive: _____

Cumulative Dive
Time: _____

**Verification Signature:**

_____

☐ **Instructor** ☐ **Divemaster** ☐ **Buddy**

Certification No: _____

Dive Number: _____

Date: _____

Location: _____

Ocean: _____

| SI | PG | | PG |
| --- | --- | --- | --- |

☐ Computer Dive

BOTTOM TIME _____

DEPTH

| TIME IN: | TIME OUT: |
| --- | --- |
| | |

| Bar / psi START | Bar / psi END |
| --- | --- |
| | |

RNT_____
ABT _____
TBT _____

VISIBILITY:
_____

TEMP: Air _____ Surface _____ Bottom _____

**GEAR USED**
**BCD:** _____
**Wetsuit:** _____
**Fins:** _____
**Weights:** _____ **kg/lbs**
**Cylinder:** _____ **Litres**

DIVE SHOP STAMP

☐ **Steel** ☐ **Aluminium**
☐ **Fresh** ☐ **Salt** ☐ **Shore** ☐ **Boat** ☐ **Drift** ☐ **Right** ☐ **Training**

**Dive Comments:**

_____
_____
_____
_____
_____

BOTTOM TIME TO
DATE: _____

Time Of This Dive: _____

Cumulative Dive
Time: _____

**Verification Signature:**

_____

☐ **Instructor** ☐ **Divemaster** ☐ **Buddy**

Certification No: _____

Dive Number: _____
Date: _____
Location: _____
Ocean: _____

| SI | PG | | PG |

Computer Dive

BOTTOM TIME
_____
DEPTH

| TIME IN: | TIME OUT: |
|---|---|
| | |

RNT_____
ABT _____
TBT _____

VISIBILITY:
_____

| Bar / psi START | Bar / psi END |
|---|---|
| | |

TEMP: Air _____ Surface _____ Bottom _____

**GEAR USED**
**BCD:** _____
**Wetsuit:** _____
**Fins:** _____
**Weights:** _____ **kg/lbs**
**Cylinder:** _____ **Litres**

☐ **Steel**   ☐ **Aluminium**
☐ **Fresh**   ☐ **Salt**   ☐ **Shore**   ☐ **Boat**   ☐ **Drift**   ☐ **Right**   ☐ **Training**

DIVE SHOP STAMP

**Dive Comments:**

_____
_____
_____
_____
_____

BOTTOM TIME TO
DATE: _____

Time Of This Dive: _____

Cumulative Dive
Time: _____

**Verification Signature:**

_____

☐ **Instructor** ☐ **Divemaster** ☐ **Buddy**

Certification No: _____

Dive Number: _____
Date: _____
Location: _____
Ocean: _____

| SI | PG | | PG |

☐ Computer Dive

BOTTOM TIME
_____
DEPTH

| TIME IN: | TIME OUT: |
|---|---|
| | |

| Bar / psi START | Bar / psi END |
|---|---|
| | |

RNT_____
ABT _____
TBT _____

VISIBILITY:
_____

TEMP: Air _____ Surface _____ Bottom _____

**GEAR USED**
**BCD:** _____
**Wetsuit:** _____
**Fins:** _____
**Weights:** _____ **kg/lbs**
**Cylinder:** _____ **Litres**

DIVE SHOP STAMP

☐ **Steel**   ☐ **Aluminium**
☐ **Fresh**   ☐ **Salt**   ☐ **Shore**   ☐ **Boat**   ☐ **Drift**   ☐ **Right**   ☐ **Training**

**Dive Comments:**
_____
_____
_____
_____
_____

BOTTOM TIME TO
DATE: _____

Time Of This Dive: _____

Cumulative Dive
Time: _____

**Verification Signature:**

_____

☐ **Instructor** ☐ **Divemaster** ☐ **Buddy**

**Certification No:** _____

Dive Number: _____

Date: _____

Location: _____

Ocean: _____

| SI | PG | | PG |

| Computer Dive | BOTTOM TIME |
| DEPTH |

| TIME IN: | TIME OUT: |
|----------|-----------|
|          |           |

| Bar / psi START | Bar / psi END |
|-----------------|---------------|

RNT_____
ABT _____
TBT _____

VISIBILITY:
_____

TEMP: Air _____ Surface _____ Bottom _____

## GEAR USED

BCD: _____

Wetsuit: _____

Fins: _____

Weights: _____ kg/lbs

Cylinder: _____ Litres

□ Steel    □ Aluminium

□ Fresh    □ Salt    □ Shore    □ Boat    □ Drift    □ Right    □ Training

DIVE SHOP STAMP

## Dive Comments:

_____
_____
_____
_____
_____

BOTTOM TIME TO
DATE: _____

Time Of This Dive: _____

Cumulative Dive
Time: _____

**Verification Signature:**

_____

□ Instructor □ Divemaster □ Buddy

Certification No: _____

Dive Number: _____

Date: _____

Location: _____

Ocean: _____

<table>
<tr><td>SI</td><td>PG</td><td></td><td>PG</td></tr>
</table>

☐ Computer Dive

BOTTOM TIME
_____
DEPTH

| TIME IN: | TIME OUT: |
|----------|-----------|
|          |           |
|          |           |

| Bar / psi<br>START | Bar / psi<br>END |
|--------------------|------------------|
|                    |                  |

RNT_____
ABT _____
TBT _____

VISIBILITY:
_____

TEMP: Air _____ Surface _____ Bottom _____

**GEAR USED**
**BCD:** _____
**Wetsuit:** _____
**Fins:** _____
**Weights:** _____ **kg/lbs**
**Cylinder:** _____ **Litres**

☐ **Steel**   ☐ **Aluminium**
☐ **Fresh**   ☐ **Salt**   ☐ **Shore**   ☐ **Boat**   ☐ **Drift**   ☐ **Right**   ☐ **Training**

DIVE SHOP STAMP

**Dive Comments:**
_____
_____
_____
_____
_____

BOTTOM TIME TO
DATE: _____

Time Of This Dive: _____

Cumulative Dive
Time: _____

**Verification Signature:**

_____

☐ **Instructor** ☐ **Divemaster** ☐ **Buddy**

Certification No: _____

Dive Number: _____
Date: _____
Location: _____
Ocean: _____

| SI | PG | | PG |
| Computer Dive | BOTTOM TIME ____ DEPTH | | |

| TIME IN: | TIME OUT: |
| --- | --- |
| | |

| Bar / psi START | Bar / psi END |
| --- | --- |
| | |

RNT_____
ABT _____
TBT _____

VISIBILITY: _____

TEMP: Air _____ Surface _____ Bottom _____

DIVE SHOP STAMP

**GEAR USED**
**BCD:** _____
**Wetsuit:** _____
**Fins:** _____
**Weights:** _____ **kg/lbs**
**Cylinder:** _____ **Litres**

□ **Steel**  □ **Aluminium**
□ **Fresh**  □ **Salt**  □ **Shore**  □ **Boat**  □ **Drift**  □ **Right**  □ **Training**

**Dive Comments:**
_____
_____
_____
_____
_____
_____

| BOTTOM TIME TO DATE: _____ | **Verification Signature:** _____ |
| Time Of This Dive: _____ | □ **Instructor** □ **Divemaster** □ **Buddy** |
| Cumulative Dive Time: _____ | **Certification No:** _____ |

Dive Number: _____

Date: _____

Location: _____

Ocean: _____

| TIME IN: | TIME OUT: |
|---|---|
| | |

| Bar / psi START | Bar / psi END |
|---|---|
| | |

**GEAR USED**
**BCD:** _____
**Wetsuit:** _____
**Fins:** _____
**Weights:** _____ **kg/lbs**
**Cylinder:** _____ **Litres**

☐ **Steel**   ☐ **Aluminium**
☐ **Fresh**   ☐ **Salt**   ☐ **Shore**   ☐ **Boat**   ☐ **Drift**   ☐ **Right**   ☐ **Training**

**Dive Comments:**

_____
_____
_____
_____
_____

| SI | PG | | PG |
|---|---|---|---|

☐ Computer Dive

BOTTOM TIME
_____
DEPTH

RNT_____
ABT _____
TBT _____

VISIBILITY:
_____

TEMP: Air ____ Surface ____ Bottom ____

DIVE SHOP STAMP

| BOTTOM TIME TO DATE: _____ | **Verification Signature:** |
|---|---|
| Time Of This Dive: _____ | _____ |
| Cumulative Dive Time: _____ | ☐ **Instructor** ☐ **Divemaster** ☐ **Buddy** |
| | **Certification No:** _____ |

Dive Number: _____
Date: _____
Location: _____
Ocean: _____

| SI | PG | | PG |
| Computer Dive | BOTTOM TIME | |
| DEPTH | | |

| TIME IN: | TIME OUT: |
| --- | --- |
|  |  |

| Bar / psi START | Bar / psi END |
| --- | --- |
|  |  |

RNT_____
ABT _____
TBT _____

VISIBILITY:
_____

TEMP: Air ____ Surface ____ Bottom ____

DIVE SHOP STAMP

**GEAR USED**
**BCD:** _____
**Wetsuit:** _____
**Fins:** _____
**Weights:** _____ kg/lbs
**Cylinder:** _____ Litres

☐ **Steel**   ☐ **Aluminium**
☐ **Fresh**   ☐ **Salt**   ☐ **Shore**   ☐ **Boat**   ☐ **Drift**   ☐ **Right**   ☐ **Training**

**Dive Comments:**

_____
_____
_____
_____
_____
_____

BOTTOM TIME TO
DATE: _____

Time Of This Dive: _____

Cumulative Dive
Time: _____

**Verification Signature:**

_____

☐ **Instructor** ☐ **Divemaster** ☐ **Buddy**

Certification No: _____

Dive Number: _____

Date: _____

Location: _____

Ocean: _____

| SI | PG | | PG |

☐ Computer Dive

BOTTOM TIME
_____
DEPTH

| TIME IN: | TIME OUT: |
|---|---|
| | |

RNT_____
ABT _____
TBT _____

VISIBILITY:
_____

| Bar / psi START | Bar / psi END |
|---|---|
| | |

TEMP: Air _____ Surface _____ Bottom _____

**GEAR USED**
**BCD:** _____
**Wetsuit:** _____
**Fins:** _____
**Weights:** _____ **kg/lbs**
**Cylinder:** _____ **Litres**

DIVE SHOP STAMP

☐ **Steel**    ☐ **Aluminium**
☐ **Fresh**    ☐ **Salt**    ☐ **Shore**    ☐ **Boat**    ☐ **Drift**    ☐ **Right**    ☐ **Training**

**Dive Comments:**

_____
_____
_____
_____
_____

BOTTOM TIME TO
DATE: _____

Time Of This Dive: _____

Cumulative Dive
Time: _____

**Verification Signature:**

_____

☐ **Instructor** ☐ **Divemaster** ☐ **Buddy**

**Certification No:** _____

Dive Number: _____

Date: _____

Location: _____

Ocean: _____

| SI | PG | | PG |
|---|---|---|---|

☐ Computer Dive

BOTTOM TIME
_____
DEPTH

| TIME IN: | TIME OUT: |
|---|---|
| | |

RNT_____
ABT _____
TBT _____

VISIBILITY:
_____

| Bar / psi START | Bar / psi END |
|---|---|
| | |

TEMP: Air ____ Surface ____ Bottom ____

**GEAR USED**

BCD: _____

Wetsuit: _____

Fins: _____

Weights: _____ **kg/lbs**

Cylinder: _____ **Litres**

DIVE SHOP STAMP

☐ **Steel**   ☐ **Aluminium**

☐ **Fresh**   ☐ **Salt**   ☐ **Shore**   ☐ **Boat**   ☐ **Drift**   ☐ **Right**   ☐ **Training**

**Dive Comments:**

_____
_____
_____
_____
_____

BOTTOM TIME TO DATE: _____

Time Of This Dive: _____

Cumulative Dive Time: _____

**Verification Signature:**

_____

☐ **Instructor** ☐ **Divemaster** ☐ **Buddy**

Certification No: _____

Dive Number: _____
Date: _____
Location: _____
Ocean: _____

| SI | PG | | PG |
|----|----|----|----|

☐ Computer Dive

BOTTOM TIME
_____
DEPTH

| TIME IN: | TIME OUT: |
|----------|-----------|
|          |           |

| Bar / psi START | Bar / psi END |
|-----------------|---------------|
|                 |               |

RNT_____
ABT _____
TBT _____

VISIBILITY:
_____

TEMP: Air ____ Surface ____ Bottom ____

**GEAR USED**
**BCD:** _____
**Wetsuit:** _____
**Fins:** _____
**Weights:** _____ **kg/lbs**
**Cylinder:** _____ **Litres**

DIVE SHOP STAMP

☐ **Steel**  ☐ **Aluminium**
☐ **Fresh**  ☐ **Salt**  ☐ **Shore**  ☐ **Boat**  ☐ **Drift**  ☐ **Right**  ☐ **Training**

**Dive Comments:**
_____
_____
_____
_____
_____

BOTTOM TIME TO DATE: _____

Time Of This Dive: _____

Cumulative Dive Time: _____

**Verification Signature:**

_____

☐ **Instructor** ☐ **Divemaster** ☐ **Buddy**

**Certification No:** _____

Dive Number: _____
Date: _____
Location: _____
Ocean: _____

| SI | PG | | PG |

☐ Computer Dive

BOTTOM TIME
_____
DEPTH

| TIME IN: | TIME OUT: |
|---|---|
| | |

| Bar / psi START | Bar / psi END |
|---|---|
| | |

RNT_____
ABT _____
TBT _____

VISIBILITY:
_____

TEMP: Air _____ Surface _____ Bottom _____

DIVE SHOP STAMP

**GEAR USED**
**BCD:** _____
**Wetsuit:** _____
**Fins:** _____
**Weights:** _____ **kg/lbs**
**Cylinder:** _____ **Litres**

☐ **Steel** ☐ **Aluminium**
☐ **Fresh** ☐ **Salt** ☐ **Shore** ☐ **Boat** ☐ **Drift** ☐ **Right** ☐ **Training**

**Dive Comments:**

_____
_____
_____
_____
_____

BOTTOM TIME TO DATE: _____

Time Of This Dive: _____

Cumulative Dive Time: _____

**Verification Signature:**

_____

☐ **Instructor** ☐ **Divemaster** ☐ **Buddy**

Certification No: _____

Dive Number: _____
Date: _____
Location: _____
Ocean: _____

| SI | PG | | | PG |
|----|----|----|----|----|

☐ Computer Dive

BOTTOM TIME _____

DEPTH

| TIME IN: | TIME OUT: |
|----------|-----------|
|          |           |
| Bar / psi START | Bar / psi END |

RNT_____
ABT _____
TBT _____

VISIBILITY: _____

TEMP: Air ____ Surface ____ Bottom ____

**GEAR USED**
**BCD:** _____
**Wetsuit:** _____
**Fins:** _____
**Weights:** _____ **kg/lbs**
**Cylinder:** _____ **Litres**

☐ **Steel**  ☐ **Aluminium**
☐ **Fresh**  ☐ **Salt**  ☐ **Shore**  ☐ **Boat**  ☐ **Drift**  ☐ **Right**  ☐ **Training**

DIVE SHOP STAMP

**Dive Comments:**

_____
_____
_____
_____
_____

BOTTOM TIME TO DATE: _____

Time Of This Dive: _____

Cumulative Dive Time: _____

**Verification Signature:**

_____

☐ **Instructor** ☐ **Divemaster** ☐ **Buddy**

Certification No: _____

Dive Number: _____

Date: _____

Location: _____

Ocean: _____

| SI | PG | | PG |

☐ Computer Dive

BOTTOM TIME
_____
DEPTH

| TIME IN: | TIME OUT: |
|----------|-----------|
|          |           |

| Bar / psi START | Bar / psi END |
|-----------------|---------------|
|                 |               |

RNT_____
ABT _____
TBT _____

VISIBILITY:
_____

TEMP: Air ____ Surface ____ Bottom ____

**GEAR USED**
**BCD:** _____
**Wetsuit:** _____
**Fins:** _____
**Weights:** _____ kg/lbs
**Cylinder:** _____ Litres

DIVE SHOP STAMP

☐ **Steel**   ☐ **Aluminium**
☐ **Fresh**   ☐ **Salt**   ☐ **Shore**   ☐ **Boat**   ☐ **Drift**   ☐ **Right**   ☐ **Training**

**Dive Comments:**

_____
_____
_____
_____
_____

BOTTOM TIME TO
DATE: _____

Time Of This Dive: _____

Cumulative Dive
Time: _____

**Verification Signature:**

_____

☐ **Instructor** ☐ **Divemaster** ☐ **Buddy**

Certification No: _____

Dive Number: _____
Date: _____
Location: _____
Ocean: _____

| SI | PG | | PG |
| Computer Dive | BOTTOM TIME | | |
| | DEPTH | | |

| TIME IN: | TIME OUT: |
|----------|-----------|
|          |           |

| Bar / psi START | Bar / psi END |
|-----------------|---------------|
|                 |               |

RNT_____
ABT _____
TBT _____

VISIBILITY:
_____

TEMP: Air _____ Surface _____ Bottom _____

**GEAR USED**
**BCD:** _____
**Wetsuit:** _____
**Fins:** _____
**Weights:** _____ **kg/lbs**
**Cylinder:** _____ **Litres**

DIVE SHOP STAMP

□ **Steel**    □ **Aluminium**
□ **Fresh**    □ **Salt**    □ **Shore**    □ **Boat**    □ **Drift**    □ **Right**    □ **Training**

**Dive Comments:**
_____
_____
_____
_____
_____

| BOTTOM TIME TO DATE: _____ | **Verification Signature:** |
|---|---|
| Time Of This Dive: _____ | _____ |
| | □ **Instructor** □ **Divemaster** □ **Buddy** |
| Cumulative Dive Time: _____ | **Certification No:** _____ |

Dive Number: _____

Date: _____

Location: _____

Ocean: _____

| SI | PG | | PG |
|----|----|--|----|

☐ Computer Dive

BOTTOM TIME
_____
DEPTH

| TIME IN: | TIME OUT: |
|----------|-----------|
|          |           |

| Bar / psi START | Bar / psi END |
|-----------------|---------------|
|                 |               |

RNT_____
ABT _____
TBT _____

VISIBILITY:
_____

TEMP: Air _____ Surface _____ Bottom _____

GEAR USED

BCD: _____

Wetsuit: _____

Fins: _____

Weights: _____ kg/lbs

Cylinder: _____ Litres

DIVE SHOP STAMP

☐ Steel    ☐ Aluminium

☐ Fresh    ☐ Salt    ☐ Shore    ☐ Boat    ☐ Drift    ☐ Right    ☐ Training

Dive Comments:

_____
_____
_____
_____
_____

BOTTOM TIME TO
DATE: _____

Time Of This Dive: _____

Cumulative Dive
Time: _____

**Verification Signature:**

_____

☐ Instructor  ☐ Divemaster  ☐ Buddy

Certification No: _____

Dive Number: _____

Date: _____

Location: _____

Ocean: _____

| SI | PG | | PG |
|----|----|----|----|

☐ Computer Dive

BOTTOM TIME
_____

DEPTH

| TIME IN: | TIME OUT: |
|----------|-----------|
|          |           |

| Bar / psi START | Bar / psi END |
|-----------------|---------------|
|                 |               |

RNT_____
ABT _____
TBT _____

VISIBILITY:
_____

TEMP: Air _____ Surface _____ Bottom _____

**GEAR USED**
**BCD:** _____
**Wetsuit:** _____
**Fins:** _____
**Weights:** _____ **kg/lbs**
**Cylinder:** _____ **Litres**

DIVE SHOP STAMP

☐ **Steel**   ☐ **Aluminium**
☐ **Fresh**   ☐ **Salt**   ☐ **Shore**   ☐ **Boat**   ☐ **Drift**   ☐ **Right**   ☐ **Training**

**Dive Comments:**

_____
_____
_____
_____
_____

BOTTOM TIME TO
DATE: _____

Time Of This Dive: _____

Cumulative Dive
Time: _____

**Verification Signature:**

_____

☐ **Instructor** ☐ **Divemaster** ☐ **Buddy**

**Certification No:** _____

Dive Number: _____
Date: _____
Location: _____
Ocean: _____

| SI | PG | | PG |
|----|----|----|----|
| | Computer Dive | BOTTOM TIME | |
| | | DEPTH | |

| TIME IN: | TIME OUT: |
|----------|-----------|
| | |

| Bar / psi START | Bar / psi END |
|-----------------|---------------|
| | |

RNT_____
ABT _____
TBT _____

VISIBILITY:
_____

TEMP: Air ____ Surface ____ Bottom ____

**GEAR USED**
**BCD:** _____
**Wetsuit:** _____
**Fins:** _____
**Weights:** _____ **kg/lbs**
**Cylinder:** _____ **Litres**

DIVE SHOP STAMP

□ **Steel** □ **Aluminium**
□ **Fresh** □ **Salt** □ **Shore** □ **Boat** □ **Drift** □ **Right** □ **Training**

**Dive Comments:**

_____
_____
_____
_____
_____
_____

BOTTOM TIME TO
DATE: _____

Time Of This Dive: _____

Cumulative Dive
Time: _____

**Verification Signature:**

_____

□ **Instructor** □ **Divemaster** □ **Buddy**

**Certification No:** _____

Dive Number: _____

Date: _____

Location: _____

Ocean: _____

| SI | PG | | PG |

Computer Dive

BOTTOM TIME
_____
DEPTH

| TIME IN: | TIME OUT: |
|----------|-----------|
|          |           |

| Bar / psi START | Bar / psi END |
|-----------------|---------------|
|                 |               |

RNT_____
ABT _____
TBT _____

VISIBILITY:
_____

TEMP: Air ____ Surface ____ Bottom ____

**GEAR USED**
**BCD:** _____
**Wetsuit:** _____
**Fins:** _____
**Weights:** _____ **kg/lbs**
**Cylinder:** _____ **Litres**

DIVE SHOP STAMP

□ **Steel**   □ **Aluminium**
□ **Fresh**   □ **Salt**   □ **Shore**   □ **Boat**   □ **Drift**   □ **Right**   □ **Training**

**Dive Comments:**

_____
_____
_____
_____
_____

BOTTOM TIME TO
DATE: _____

Time Of This Dive: _____

Cumulative Dive
Time: _____

**Verification Signature:**

_____

□ **Instructor** □ **Divemaster** □ **Buddy**

**Certification No:** _____

Dive Number: _____
Date: _____
Location: _____
Ocean: _____

| SI | PG | | PG |

□ Computer Dive

BOTTOM TIME
_____
DEPTH

| TIME IN: | TIME OUT: |
|---|---|
|  |  |

RNT_____
ABT _____
TBT _____

VISIBILITY:
_____

| Bar / psi START | Bar / psi END |
|---|---|

TEMP: Air _____ Surface _____ Bottom _____

**GEAR USED**
**BCD:** _____
**Wetsuit:** _____
**Fins:** _____
**Weights:** _____ **kg/lbs**
**Cylinder:** _____ **Litres**

□ **Steel**   □ **Aluminium**
□ **Fresh**   □ **Salt**   □ **Shore**   □ **Boat**   □ **Drift**   □ **Right**   □ **Training**

DIVE SHOP STAMP

**Dive Comments:**
_____
_____
_____
_____
_____

BOTTOM TIME TO
DATE: _____

Time Of This Dive: _____

Cumulative Dive
Time: _____

**Verification Signature:**

_____

□ **Instructor** □ **Divemaster** □ **Buddy**

Certification No: _____

Dive Number: _____

Date: _____

Location: _____

Ocean: _____

| SI | PG | | PG |
|----|----|----|----|

☐ Computer
   Dive

BOTTOM TIME
_____

DEPTH

| TIME IN: | TIME OUT: |
|----------|-----------|
|          |           |

| Bar / psi START | Bar / psi END |
|-----------------|---------------|

RNT_____
ABT _____
TBT _____

VISIBILITY:
_____

TEMP: Air _____ Surface _____ Bottom _____

**GEAR USED**

**BCD:** _____

**Wetsuit:** _____

**Fins:** _____

**Weights:** _____ **kg/lbs**

**Cylinder:** _____ **Litres**

DIVE SHOP STAMP

☐ **Steel**   ☐ **Aluminium**

☐ **Fresh**   ☐ **Salt**   ☐ **Shore**   ☐ **Boat**   ☐ **Drift**   ☐ **Right**   ☐ **Training**

**Dive Comments:**

_____

_____

_____

_____

_____

| BOTTOM TIME TO DATE: _____ | **Verification Signature:** |
|---|---|
| Time Of This Dive: _____ | _____ |
| | ☐ **Instructor** ☐ **Divemaster** ☐ **Buddy** |
| Cumulative Dive Time: _____ | Certification No: _____ |

Dive Number: _____
Date: _____
Location: _____
Ocean: _____

| SI | PG | | PG |

☐ Computer Dive

BOTTOM TIME
_____
DEPTH

| TIME IN: | TIME OUT: |
|---|---|
| | |

RNT_____
ABT _____
TBT _____

VISIBILITY:
_____

| Bar / psi START | Bar / psi END |
|---|---|

TEMP: Air _____ Surface _____ Bottom _____

**GEAR USED**
**BCD:** _____
**Wetsuit:** _____
**Fins:** _____
**Weights:** _____ **kg/lbs**
**Cylinder:** _____ **Litres**

DIVE SHOP STAMP

☐ **Steel** ☐ **Aluminium**
☐ **Fresh** ☐ **Salt** ☐ **Shore** ☐ **Boat** ☐ **Drift** ☐ **Right** ☐ **Training**

**Dive Comments:**

_____
_____
_____
_____
_____

BOTTOM TIME TO
DATE: _____

Time Of This Dive: _____

Cumulative Dive
Time: _____

**Verification Signature:**

_____

☐ **Instructor** ☐ **Divemaster** ☐ **Buddy**

**Certification No:** _____

Dive Number: _____

Date: _____

Location: _____

Ocean: _____

| SI | PG | | PG |

☐ Computer Dive

BOTTOM TIME
_____
DEPTH

| TIME IN: | TIME OUT: |
| --- | --- |
| | |

| Bar / psi START | Bar / psi END |
| --- | --- |

RNT_____
ABT _____
TBT _____

VISIBILITY:
_____

TEMP: Air _____ Surface _____ Bottom _____

**GEAR USED**
**BCD:** _____

**Wetsuit:** _____

**Fins:** _____

**Weights:** _____ **kg/lbs**

**Cylinder:** _____ **Litres**

DIVE SHOP STAMP

☐ **Steel**    ☐ **Aluminium**

☐ **Fresh**    ☐ **Salt**    ☐ **Shore**    ☐ **Boat**    ☐ **Drift**    ☐ **Right**    ☐ **Training**

**Dive Comments:**

_____

_____

_____

_____

_____

BOTTOM TIME TO
DATE:                _____

Time Of This Dive:    _____

Cumulative Dive
Time:                 _____

**Verification Signature:**

_____

☐ **Instructor** ☐ **Divemaster** ☐ **Buddy**

**Certification No:** _____

Dive Number: _____

Date: _____

Location: _____

Ocean: _____

| SI | PG | | PG |
|----|----|----|----|

☐ Computer Dive

BOTTOM TIME _____

DEPTH

| TIME IN: | TIME OUT: |
|----------|-----------|
|          |           |

| Bar / psi START | Bar / psi END |
|-----------------|---------------|
|                 |               |

RNT_____
ABT _____
TBT _____

VISIBILITY:
_____

TEMP: Air _____ Surface _____ Bottom _____

DIVE SHOP STAMP

**GEAR USED**
**BCD:** _____
**Wetsuit:** _____
**Fins:** _____
**Weights:** _____ **kg/lbs**
**Cylinder:** _____ **Litres**

**Steel** ☐ **Aluminium**
**Fresh** ☐ **Salt** ☐ **Shore** ☐ **Boat** ☐ **Drift** ☐ **Right** ☐ **Training**

**Dive Comments:**
_____
_____
_____
_____
_____

BOTTOM TIME TO DATE: _____

Time Of This Dive: _____

Cumulative Dive Time: _____

**Verification Signature:**

_____

☐ **Instructor** ☐ **Divemaster** ☐ **Buddy**

Certification No: _____

Dive Number: _____

Date: _____

Location: _____

Ocean: _____

| SI | PG | | PG |
|----|----|--|----|

☐ Computer Dive

BOTTOM TIME
_____
DEPTH

| TIME IN: | TIME OUT: |
|----------|-----------|
|          |           |

| Bar / psi START | Bar / psi END |
|-----------------|---------------|
|                 |               |

RNT_____
ABT _____
TBT _____

VISIBILITY:
_____

TEMP: Air _____ Surface _____ Bottom _____

**GEAR USED**
**BCD:** _____
**Wetsuit:** _____
**Fins:** _____
**Weights:** _____ **kg/lbs**
**Cylinder:** _____ **Litres**

DIVE SHOP STAMP

☐ **Steel**   ☐ **Aluminium**
☐ **Fresh**   ☐ **Salt**   ☐ **Shore**   ☐ **Boat**   ☐ **Drift**   ☐ **Right**   ☐ **Training**

**Dive Comments:**

_____

_____

_____

_____

_____

BOTTOM TIME TO
DATE: _____

Time Of This Dive: _____

Cumulative Dive
Time: _____

**Verification Signature:**

_____

☐ **Instructor** ☐ **Divemaster** ☐ **Buddy**

Certification No: _____

Dive Number: _____

Date: _____

Location: _____

Ocean: _____

| SI | PG | | PG |

☐ Computer Dive

BOTTOM TIME
_____
DEPTH

| TIME IN: | TIME OUT: |
|---|---|
| | |

RNT_____
ABT _____
TBT _____

VISIBILITY:
_____

| Bar / psi START | Bar / psi END |
|---|---|
| | |

TEMP: Air ____ Surface ____ Bottom ____

**GEAR USED**
**BCD:** _____
**Wetsuit:** _____
**Fins:** _____
**Weights:** _____ **kg/lbs**
**Cylinder:** _____ **Litres**

DIVE SHOP STAMP

☐ **Steel**  ☐ **Aluminium**
☐ **Fresh**  ☐ **Salt**  ☐ **Shore**  ☐ **Boat**  ☐ **Drift**  ☐ **Right**  ☐ **Training**

**Dive Comments:**
_____
_____
_____
_____
_____

BOTTOM TIME TO DATE: _____

Time Of This Dive: _____

Cumulative Dive Time: _____

**Verification Signature:**

_____

☐ **Instructor** ☐ **Divemaster** ☐ **Buddy**

Certification No: _____

Dive Number: _____

Date: _____

Location: _____

Ocean: _____

| SI | PG | | PG |
| --- | --- | --- | --- |

☐ Computer Dive

BOTTOM TIME
_____
DEPTH

| TIME IN: | TIME OUT: |
| --- | --- |
| | |

| Bar / psi START | Bar / psi END |
| --- | --- |
| | |

RNT_____
ABT _____
TBT _____

VISIBILITY:
_____

TEMP: Air _____ Surface _____ Bottom _____

**GEAR USED**
**BCD:** _____
**Wetsuit:** _____
**Fins:** _____
**Weights:** _____ **kg/lbs**
**Cylinder:** _____ **Litres**

DIVE SHOP STAMP

☐ **Steel**   ☐ **Aluminium**
☐ **Fresh**   ☐ **Salt**   ☐ **Shore**   ☐ **Boat**   ☐ **Drift**   ☐ **Right**   ☐ **Training**

**Dive Comments:**

_____

_____

_____

_____

_____

| BOTTOM TIME TO DATE: _____ | **Verification Signature:** |
| --- | --- |
| Time Of This Dive: _____ | _____ |
| | ☐ **Instructor** ☐ **Divemaster** ☐ **Buddy** |
| Cumulative Dive Time: _____ | **Certification No:** _____ |

Dive Number: _____
Date: _____
Location: _____
Ocean: _____

| SI | PG | | PG |
| --- | --- | --- | --- |

Computer Dive

BOTTOM TIME
_____
DEPTH

| TIME IN: | TIME OUT: |
| --- | --- |
| | |

| Bar / psi **START** | Bar / psi **END** |
| --- | --- |
| | |

RNT_____
ABT _____
TBT _____

VISIBILITY:
_____

TEMP: Air ____ Surface ____ Bottom ____

DIVE SHOP STAMP

**GEAR USED**
**BCD:** _____
**Wetsuit:** _____
**Fins:** _____
**Weights:** _____ **kg/lbs**
**Cylinder:** _____ **Litres**

□ **Steel**   □ **Aluminium**
□ **Fresh**   □ **Salt**   □ **Shore**   □ **Boat**   □ **Drift**   □ **Right**   □ **Training**

**Dive Comments:**
_____
_____
_____
_____
_____

BOTTOM TIME TO DATE: _____

Time Of This Dive: _____

Cumulative Dive Time: _____

**Verification Signature:**

_____

□ **Instructor** □ **Divemaster** □ **Buddy**

Certification No: _____

Dive Number: _____

Date: _____

Location: _____

Ocean: _____

| SI | PG | | PG |

☐ Computer Dive

BOTTOM TIME
_____

DEPTH

| TIME IN: | TIME OUT: |
|---|---|
| | |

| Bar / psi START | Bar / psi END |
|---|---|
| | |

RNT_____
ABT _____
TBT _____

VISIBILITY:
_____

TEMP: Air ____ Surface ____ Bottom ____

**GEAR USED**
**BCD:** _____
**Wetsuit:** _____
**Fins:** _____
**Weights:** _____ **kg/lbs**
**Cylinder:** _____ **Litres**

DIVE SHOP STAMP

☐ **Steel**   ☐ **Aluminium**
☐ **Fresh**   ☐ **Salt**   ☐ **Shore**   ☐ **Boat**   ☐ **Drift**   ☐ **Right**   ☐ **Training**

**Dive Comments:**

_____

_____

_____

_____

_____

BOTTOM TIME TO
DATE: _____

Time Of This Dive: _____

Cumulative Dive
Time: _____

**Verification Signature:**

_____

☐ **Instructor** ☐ **Divemaster** ☐ **Buddy**

**Certification No:** _____

Dive Number: _____

Date: _____

Location: _____

Ocean: _____

| SI | PG | | PG |

Computer Dive

BOTTOM TIME _____

DEPTH _____

| TIME IN: | TIME OUT: |
|---|---|
| | |

| Bar / psi START | Bar / psi END |
|---|---|
| | |

RNT_____
ABT _____
TBT _____

VISIBILITY: _____

TEMP: Air _____ Surface _____ Bottom _____

GEAR USED

BCD: _____

Wetsuit: _____

ins: _____

Weights: _____ kg/lbs

Cylinder: _____ Litres

DIVE SHOP STAMP

□ Steel    □ Aluminium

□ Fresh    □ Salt    □ Shore    □ Boat    □ Drift    □ Right    □ Training

Dive Comments:

_____
_____
_____
_____
_____
_____

BOTTOM TIME TO DATE: _____

Time Of This Dive: _____

Cumulative Dive Time: _____

**Verification Signature:**

_____

□ Instructor □ Divemaster □ Buddy

Certification No: _____

Dive Number: _____

Date: _____

Location: _____

Ocean: _____

| SI | PG | | PG |

☐ Computer Dive

BOTTOM TIME
_____
DEPTH

| TIME IN: | TIME OUT: |
|---|---|
| | |

| Bar / psi START | Bar / psi END |
|---|---|
| | |

RNT_____
ABT _____
TBT _____

VISIBILITY:
_____

TEMP: Air _____ Surface _____ Bottom _____

**GEAR USED**
**BCD:** _____
**Wetsuit:** _____
**Fins:** _____
**Weights:** _____ **kg/lbs**
**Cylinder:** _____ **Litres**

DIVE SHOP STAMP

☐ **Steel**  ☐ **Aluminium**
☐ **Fresh**  ☐ **Salt**  ☐ **Shore**  ☐ **Boat**  ☐ **Drift**  ☐ **Right**  ☐ **Training**

**Dive Comments:**

_____
_____
_____
_____
_____

BOTTOM TIME TO
DATE: _____

Time Of This Dive: _____

Cumulative Dive
Time: _____

**Verification Signature:**

_____

☐ **Instructor** ☐ **Divemaster** ☐ **Buddy**

**Certification No:** _____

Dive Number: _____

Date: _____

Location: _____

Ocean: _____

| SI | PG | | PG |
| Computer Dive | BOTTOM TIME | | |
| | DEPTH | | |

| TIME IN: | TIME OUT: |
| --- | --- |
| | |

RNT_____
ABT _____
TBT _____

VISIBILITY:
_____

| Bar / psi START | Bar / psi END |
| --- | --- |
| | |

TEMP: Air _____ Surface _____ Bottom _____

**GEAR USED**

**BCD:** _____

**Wetsuit:** _____

**Fins:** _____

**Weights:** _____ **kg/lbs**

**Cylinder:** _____ **Litres**

DIVE SHOP STAMP

☐ **Steel**   ☐ **Aluminium**

☐ **Fresh**   ☐ **Salt**   ☐ **Shore**   ☐ **Boat**   ☐ **Drift**   ☐ **Right**   ☐ **Training**

**Dive Comments:**

_____
_____
_____
_____
_____
_____

BOTTOM TIME TO
DATE: _____

Time Of This Dive: _____

Cumulative Dive
Time: _____

**Verification Signature:**

_____

☐ **Instructor** ☐ **Divemaster** ☐ **Buddy**

Certification No: _____

Dive Number: _____
Date: _____
Location: _____
Ocean: _____

| SI | PG | | PG |

□ Computer
Dive

BOTTOM TIME
_____
DEPTH

| TIME IN: | TIME OUT: |
|---|---|
| | |

| Bar / psi START | Bar / psi END |
|---|---|
| | |

RNT_____
ABT _____
TBT _____

VISIBILITY:
_____

TEMP: Air _____ Surface _____ Bottom _____

**GEAR USED**
**BCD:** _____
**Wetsuit:** _____
**Fins:** _____
**Weights:** _____ **kg/lbs**
**Cylinder:** _____ **Litres**

DIVE SHOP STAMP

□ **Steel**   □ **Aluminium**
□ **Fresh**   □ **Salt**   □ **Shore**   □ **Boat**   □ **Drift**   □ **Right**   □ **Training**

**Dive Comments:**
_____
_____
_____
_____
_____

BOTTOM TIME TO
DATE: _____

Time Of This Dive: _____

Cumulative Dive
Time: _____

**Verification Signature:**

_____

□ **Instructor** □ **Divemaster** □ **Buddy**

Certification No: _____

Dive Number: _____
Date: _____
Location: _____
Ocean: _____

| SI | PG | | PG |

☐ Computer Dive

BOTTOM TIME
_____
DEPTH

| TIME IN: | TIME OUT: |
|---|---|
|  |  |

| Bar / psi START | Bar / psi END |
|---|---|

RNT_____
ABT _____
TBT _____

VISIBILITY:
_____

TEMP: Air ____ Surface ____ Bottom ____

DIVE SHOP STAMP

**GEAR USED**
**BCD:** _____
**Wetsuit:** _____
**Fins:** _____
**Weights:** _____ **kg/lbs**
**Cylinder:** _____ **Litres**

☐ **Steel**  ☐ **Aluminium**
☐ **Fresh**  ☐ **Salt**  ☐ **Shore**  ☐ **Boat**  ☐ **Drift**  ☐ **Right**  ☐ **Training**

**Dive Comments:**
_____
_____
_____
_____
_____
_____

BOTTOM TIME TO
DATE: _____

Time Of This Dive: _____

Cumulative Dive
Time: _____

**Verification Signature:**

_____

☐ **Instructor** ☐ **Divemaster** ☐ **Buddy**

Certification No: _____

Dive Number: _____

Date: _____

Location: _____

Ocean: _____

| SI | PG | | PG |

☐ Computer Dive

BOTTOM TIME

DEPTH

| TIME IN: | TIME OUT: |
|---|---|
| | |

| Bar / psi START | Bar / psi END |
|---|---|
| | |

RNT_____
ABT _____
TBT _____

VISIBILITY:
_____

TEMP: Air ____ Surface ____ Bottom ____

**GEAR USED**
**BCD:** _____
**Wetsuit:** _____
**Fins:** _____
**Weights:** _____ **kg/lbs**
**Cylinder:** _____ **Litres**

DIVE SHOP STAMP

☐ **Steel**   ☐ **Aluminium**
☐ **Fresh**   ☐ **Salt**   ☐ **Shore**   ☐ **Boat**   ☐ **Drift**   ☐ **Right**   ☐ **Training**

**Dive Comments:**

_____

_____

_____

_____

_____

BOTTOM TIME TO
DATE:          _____

Time Of This Dive:   _____

Cumulative Dive
Time:          _____

**Verification Signature:**

_____

☐ **Instructor** ☐ **Divemaster** ☐ **Buddy**

**Certification No:** _____

Made in the USA
Las Vegas, NV
02 January 2025

15741742R00073